스토리 건배사 2

세상에 오직 하나뿐인 나만의

스토리 건배사 2

김미경 지음 • 오치규 그림

21세기북스

스토리 건배사로 문화를 바꾸다

• •

지난해 『스토리 건배사』가 처음으로 출판된 뒤, 나는 적지 않은 후유증(?)에 시달렸다. 시도 때도 없이 전화와 문자로 건배사를 보내달라는 지인들의 요청이 쇄도한 것이다. 몇 달 전에는 평소 알고 지내던 국회의원에게 다급하게 전화가 왔다. 평소 그는 자신만의 만능 건배사가 있었는데, 바로 '빠삐용'이었다. '빠지지 말고 삐치지 말고 용서하며 살자'라는 뜻인데, 언제 어디서나 백발백중 반응이 좋았단다.

그러던 어느 날 드디어 올 것이 왔다. 한 지자체 행사에 초대를 받았는데 그 지역 군수가 자신의 '빠삐용' 건배사를 먼저 외쳐버린 것이다.

"원장님! 큰일 났어요. 제가 하려던 건배사를 다른 사람이 먼저 해버렸어요. 도와주세요."

"어떤 모임인데요?"

"지자체 당원들 모임이에요."

"행사 주제는요?"

"당원들이 워크숍을 열었어요. 앞으로 서로 도와가면서 열심히 하자는 의미에서요."

이렇게 몇 가지 질문이 오가는 사이 내 머릿속에선 이미 건배사가 만들어지고 있었다. 그가 이날 외친 건배사는 '함께 가자 멀리 가자'였다.

"외국 속담에 '빨리 가려면 혼자 가고 멀리 가려면 함께 가라'라는 말이 있습니다. 저는 지금까지 한 번도 빨리 가려는 욕심을 부려본 적이 없습니다. 앞으로도 여러분과 함께 롱런하는 것이 저의 소원입니다. 우리 모두 함께 갑시다. 그리고 멀리 갑시다. 지금부터 제가 '함께 가자'라고 외치면 여러분께서 '멀리 가자'라고 외쳐주시기 바랍니다."

한 시간 후 그에게서 다시 연락이 왔다.

"원장님, 너무 감사해요. 덕분에 오늘 완전히 스타 됐어요."

이날 이후로 그가 '빠삐용'을 외치는 모습은 찾아볼 수 없었다.

지난해 『스토리 건배사』를 펴내고 난 이후 우리 주변에서 작지만 분명한 변화가 생기고 있다. 이전까지만 해도 무조건 '위하여'나 '빠삐용' 같은 삼행시 건배사를 외치던 사람들이 스토리 건배사에 눈을 돌리기 시작한 것이다.

실제로 스토리 건배사로 스타가 된 이들도 적지 않다. 하루는 어느 은행장에게서 문자 메시지가 왔다.

"원장님, 저의 30년 숙제를 풀어주셔서 너무 감사합니다."

그는 평소에 친구들과 모임을 할 때마다 누가 건배사를 시킬까봐 조마조마했다고 한다. 그 짧은 말이 그렇게 어려울 수가 없었다는 것이다. 실제로 그가 건배사를 하고 나면 분위기가 오히려 가라앉는 일도 적지 않았다. 그런데 우연히 지인에게 『스토리 건배사』를 선물 받고 180도 변신했다. 어느 자리에 가나 기립박수를 받게 된 것이다.

"제가 50년을 살면서 건배사를 하고 기립박수를 받은 건 난생처음이었어요. 단 1분 만에 스토리 건배사로 그렇게 강한 인상을 줄 수 있다는 게 너무 놀랍습니다."

독자 여러분도 스토리 건배사를 하겠다고 결심하고 10번 정도만 해보면 지금까지의 삼행시 건배사가 얼마나 무의미한지에 대해 알게 될 것이다. 그리고 스토리 건배사의 매력에 푹 빠져들게 될 것이다. 하지만 자신이 직접 스토리 건배사를 만드는 것에는 아직 자신 없어 하는 사람들이 여전히 많다.

"스토리 건배사가 뭔지는 알겠는데, 아무리 고민해도 재미있는 에피소드를 못 찾겠어요."

"원장님, 스토리 건배사 책 또 내시면 안 돼요? 100개만 더 있으면 정말 잘할 수 있을 것 같은데……."

그렇게 해서 탄생한 것이 바로 이 책이다. 작년에 못 다한 이야기들, 지난 1년 동안 이런저런 모임에서 여러 사람의 건배사를 들으며 '이런 상황에선 이런 건배사가 어울리는데' 싶었던 것들을 정리해 한 권의 책으로 펴냈다. 특히 2권에는 건배사를 할 일이 가장 많은 CEO들을 위해 CEO 건배사만 10편을 따로 묶고, 언제 어디서나 만능으로 쓸 수 있는 '마이더스 건배사' 20편도 추가해 활용도를 높였다.

올해는 경제 상황이 더 안 좋아진다고 한다. 이런 때일수록 위로와 희망의 메시지가 더 필요한 법이다. 사람들에게 감동도 주고 나만의 매력도 뽐낼 수 있는 『스토리 건배사 2』로 모두가 행복해지는 한 해가 되길 소망한다.

건배사, 누구도 피할 수 없다

오늘도 술자리에선 땀이 삐질삐질

평소에는 높으신 분들만 단상 위에 오른다. 그런데 회식자리만 가면 불쑥 이런 말이 튀어나온다.

"이번에는 신입사원이 한마디 해보지?"

서둘러 멋진 말을 생각해보지만 머릿속은 이미 새하얗게 질린 상태다. 엉거주춤 일어나 우물쭈물 한마디 하고 나면 분위기는 이미 돌이킬 수 없다.

'다음에는 제대로 해보리라.'

그렇게 굳게 다짐했건만 술에서 깨고 나면 말짱 도루묵이다. 그리고 다시 돌아온 회식, 매번 이런 고역이 없다.

술자리에서 공평하게 도는 건 술잔만이 아니다. 말도 공평하게 돈다. 남녀노소 지위고하를 막론하고 누구도 절대 피해갈 수 없는 말, 그러나 단 한 번도 성공한 적이 없는 말, 바로 건배사다.

이번에도 '어쨌거나 위하여'

오늘도 어김없이 김 부장의 일장 연설이 시작된다.

"오늘은 정말 기분 좋은 날입니다. 왜냐하면…… 이렇게 좋은 자리를 마련해주신 분들에게…… 그때 여러분이 없었다면 정말…… 에, 또 지난번에 그 계약을 딸 때 우리가……."

술잔을 들었다 놨다 벌써 몇 번째인가. 말도 안 되게 중언부언 늘어놓다가 결국은 '어쨌거나 위하여'로 급히 마무리된다.

짧을수록 어려운 게 있다. 음악은 15초 CM송이 가장 어렵듯이 말도 건배사가 가장 어렵다. 단 30초 안에 승부가 갈리는 게 바로 건배사다.

술자리 스타는 여럿 있다. 노래 잘해서 스타가 된 사람, 폭탄주 제조를 잘해서 스타가 된 사람. 그런데 건배사를 잘해서 스타가 된 사람은 아직 본 적이 없다.

짧고 임팩트 있는 말 몇 마디만 외워두면 당신도 술자리 스타가 될 수 있다.

마지막 순간은 늘 흐지부지

회식 분위기가 한창 무르익을 즈음, 사장님이 단상 위에 올라 잔을 치켜든다. 왁자지껄하던 분위기는 금세 가라앉고 모두가 숨을 죽인 채 귀를 쫑긋 세운다. 폭탄주 몇 잔에 정신을 잃어가던 김 부장도 이 순간만큼은 정신이 말짱해진다.

"오늘 이 자리의 주인공은 제가 아닙니다. 바로 여기 계신 여러분입니다. 여러분의 열정과 헌신 덕분에 오늘 우리가 이렇게 값진 성공을 거둘 수 있었습니다."

사장님의 매끄러운 말솜씨로 분위기는 한껏 고조되고 직원들은 눈을 반짝이며 잔을 부딪칠 순간만을 기다린다. 그런데 사장은 뒤로 갈수록 목소리가 작아지더니 급기야 '위하여'를 하긴 한 듯한데 건배 타이밍을 제대로 안 사람은 거의 없다. 당황한 직원들은 어색하게 잔을 들고 서로를 애처롭게 바라보다가 대충 잔을 부딪치고 서둘러 자리에 앉는다.

건배사는 리더십이다. 리더십이 있는 사람은 첫 건배사에도 한방에 사람들을 집중시켜서 일사분란하게 폭발이 일어나듯 잔을 부딪치게 만든다. 그러나 리더십이 없는 사람은 잔을 부딪치겠다고 작정한 사람마저 언제 잔을 부딪쳐야 할지 모르게 흩트려버린다.

5명이든 1,000명이든 한 명도 빼놓지 않고 산 정상까지 끌고 올라가 '야호'를 외치게 만드는 힘. 그것이 바로 수많은 말하기 가운데 건배사만이 가진 매력이다. 세상에서 가장 짧고 가장 열정적인 폭발력의 말하기. 건배사로 폼 나는 나를 보여줄 수 있는 기회를 흐지부지 놓치지 말자.

스토리 건배사가 진짜 건배사다

삼행시와 축약어 건배사 이제는 버려라

내가 평소 참 괜찮다고 여기던 분이 있었다. 지난해 어느 연말 모임에서 누군가가 그분에게 건배사를 청했다. 내심 기대하고 있었는데 실망스럽게도 이런 말이 툭 튀어나왔다.

"제가 얼마 전에 최신판 건배사를 입수했습니다. 여러분, '남존여비' 다들 아시죠? 지금 생각하고 있는 그런 뜻이 아닙니다. 진짜 뜻은 '남자의 존재 의미는 여자의 비위를 맞추는 것'이라고 합니다. 재밌죠? 제가 '남존'이라고 외치면 다 같이 '여비'라고 외쳐주십시오."

그 연세에 그 학식에 도무지 어울리지 않는 건배사를 듣고 있자니 마음이 불편했다. 자신의 품격에 100분의 1도 안 되는 건배사를 하다니, 게다가 그마저도 외우지 못해 메모지를 꺼내 읽는 걸 보니 절로 한숨이 새어나왔다.

당나귀(당신과 나의 귀한 만남을 위하여)

원더걸스(원하는 만큼 더도 말고 덜도 말고 걸러서 스스로 마시자)

재건축(재미나고 건강하게 축복받으며 살자)

……

언제부턴가 '건배사는 삼행시 또는 축약어'라는 공식 아닌 공식이 생겨버렸다. 어느 술자리를 가봐도 아무리 인터넷을 뒤져봐도 삼행시 놀이뿐이다. 축하하는 모임이든 위로하는 모임이든 젊은 사람들이 모였건 연세 지긋한 분들이 모였건 상관없다. 건배사는 무조건 '당나귀' 아니면 '재건축' '원더걸스' 등의 축약어 일색이다.

모든 말에는 그에 어울리는 때와 장소가 있다. 말이란 절묘한 타이밍에 꼭 필요한 내용을 담아야 공감을 이끌어내는 법이다. 건배사도 마찬가지다. 어느 모임에서 어떤 사람들과 어느 순간에 술잔을 부딪치느냐에 따라 그에 어울리는 건배사를 할 줄 알아야 한다.

그저 웃자고 시도 때도 없이 '당나귀' '원더걸스'만 외쳐서는 절대로 사람들의 공감을 얻을 수 없다. 오히려 애써 쌓은 품격을 잃고 점수마저 깎아먹을 뿐이다.

지금 이 순간부터 엉터리 삼행시나 축약어 건배사는 깨끗하게 잊어라. '건배사는 삼행시 또는 축약어'라는 말도 안 되는 공식도 과감하게 버려라. 건배사는 어제 들었던 것 같은 재탕, 삼탕의 흘러간 유행가가 아니라 가장 짧은 시간에 수십 수백 명의 마음을 뜨겁게 하나로 뭉치게 하는 화산 같은 자작곡이어야 한다.

건배사가 당신의 브랜드다

몇 해 전 어느 모임에 참석했을 때다. 갑자기 사람들이 키득키득 웃더니 '야, 직진할 준비해라'라고 말했다. 혼자 어리둥절해 하고 있는데 얼마 지나지 않아 나도 그들 중 한 명이 되고 말았다. 이유인즉 이렇다.

"저는 어릴 적 시골에서 혈혈단신으로 상경했습니다. 역 대합실에서 신문지 한 장 깔아놓고 자면서도 희망을 놓친 적이 없었습니다. 지난 30년 동안 어려울 때마다 늘 마음속으로 외친 말이 있습니다.

뒤돌아보지 말자, 곁눈질도 하지 말자, 오직 나의 목표를 위해 즐겁게 직진하자였습니다.

오늘은 여러분과 함께 제가 가장 좋아하는 말을 외쳐보고 싶네요. 제가 '인생은'이라고 외치면 다 함께 '직진'이라고 외쳐주십시오."

그가 건배사를 끝내자 사람들은 마치 약속이라도 한 것처럼 '직진! 직진! 직진!'이라고 연달아 세 번 크게 외쳤다. 한두 번 했던 솜씨가 아니었다. 이후에도 여러 모임에서 그의 건배사를 들을 기회가 있었다. 그때마다 사람들은 너나 할 것 없이 '직진'을 외칠 준비를 서둘렀다.

'인생은 직진'은 이미 오랜 세월 그의 브랜드가 되어 있었다. 나중에 기술이 더 늘기 시작하면서 직진이라고 외치기 전의 스토리가 점점 더 다양해져 눈물겹기까지 했다. 그에게는 족히 30종이 넘는 짧고도 감동적인 스토리가 있었다.

오랜 세월에 걸쳐 축적된 그 사람만의 인생 경험과 철학이 녹아 있는 짧고도 강력한 이야기 있는 건배사가 바로 '스토리 건배사'다. 그동안 우리가 삼행시나 축약어 건배사에 너무 익숙해져서 생소하고 낯설게 느껴질 수도 있다. 하지만 스토리 건배사만큼 쉽고 간단한 건배사도 없다.

스토리 하나만 있으면 충분하다. 내 인생의 에피소드를 몇 개만 각색해도 세상에 단 하나뿐인 나만의 스토리 건배사를 거뜬히 만들어낼 수 있다.

게다가 스토리 건배사는 일석삼조의 매력이 있다. 짧은 에피소드 하나로 사람들에게 감동을 줄 수 있고, 나만의 철학이 담긴 구호로 메시지를 전파할 수 있다. 그리고 그것이 나에게 브랜드가 되어 돌아오는 것이다.

이제는 건배사도 브랜드가 되는 시대다. 나만의 스토리 건배사로 나만의 브랜드를 만들어보자.

차례

:: 축하

:: 격려

:: 친목

Part 2 커뮤니티 건배사

:: 축하

:: 격려

:: 친목

Part 3 마이더스 건배사

Part 1

비즈니스 건배사

CEO

송년회 | 신제품 발표회

시무식 | 신입사원 환영회

커뮤니티

해피 투게더 ::송년회

톨스토이는 이렇게 말했습니다.
"최상의 행복이란 1년의 맨 마지막에 당도한 자신이 1년의 맨 처음에 있던 자신에 비해 한결 훌륭해졌다고 느낄 때다."
여러분은 지금 행복하십니까? 저는 지금 행복합니다. 왜냐면 연초에 비해 지금 우리 회사가 훨씬 더 성장했기 때문입니다. 여러분이 각자의 자리에서 최선을 다한 만큼 여러분 개인도, 그리고 회사도 한결 훌륭해졌습니다.
이런 게 정말 행복이 아닐까요? 내년에도 더 큰 행복을 위해 함께 열심히 뛰자는 의미에서 제가 '해피'라고 외치면 여러분은 '투게더'라고 외쳐 주십시오.

해피 투게더

명사의 말을 인용할 때는 정확히 외워서 말해야 그 의미가 제대로 전달될 수 있다.

성공을 필연으로 ::신제품 발표회

제가 한국역사에서 가장 존경하는 분이 바로 이순신 장군입니다. 23전 23승 무패라는 기록은 전 세계 해군역사에도 없습니다. 비결이 뭘까요? 간단합니다. 이길 때까지 준비했기 때문입니다. 임진왜란이 나기 1년 전부터 거북선 만들고 병사들 훈련시키고 군량미 모았습니다. 승리가 우연이 아닌 99퍼센트의 필연이 될 때까지 준비한 것입니다.
저는 이번 신제품 출시도 우리 임직원 모두가 99퍼센트의 필연이 될 때까지 준비한다면 기필코 이순신 장군처럼 승리할 것이라고 믿습니다. 그런 의미에서 제가 '성공을'이라고 외치면 여러분은 '필연으로'라고 화답해주시기 바랍니다.

성공을 필연으로

숫자가 반복해서 나올 때는 또박또박 강조해서 말하자.

처음처럼 한결같이 ::시무식

벌써 우리 회사가 창업한 지 10년이 됐습니다. 창고 같은 사무실에서 5명이 젊은 혈기 하나만 믿고 무모한 도전을 시작했습니다. 중간에 수많은 실패와 시행착오를 겪었지만 우리는 쓰러지지 않았고 포기하지 않았습니다.

이제는 직원 100명의 번듯한 회사가 되었지만 저는 매일 회사에 올 때마다 처음 창업하던 날을 생각합니다. 무모하고 순수했으며 열정으로 넘쳤던 첫날을요. 임직원 여러분도 늘 첫 마음을 새기며 한결같이 일해주기를 소망합니다. 제가 '처음처럼'을 외치면 여러분은 '한결같이'라고 외쳐주시기 바랍니다.

처음처럼 한결같이

다 함께 공감할 수 있는 창업 시절 에피소드를 함께 이야기하면 효과적이다.

일터를 학교로 일터를 놀이터로

::신입사원 환영회

신입사원 여러분, 여러분께 이 자리를 빌어 당부 드리고 싶은 것이 있습니다. 저는 신입 시절에 가장 먼저 출근해서 가장 늦게 퇴근했습니다. 여러분은 그러지 마십시오. 저는 동기들 중에서 가장 늦게 승진했습니다. 두 번째, 저는 신입 시절 매일같이 술자리에 빠진 적이 없습니다. 여러분은 그러지 마십시오. 20년 지나면 저처럼 지방간 옵니다. 세 번째, 저는 신입 시절에 주말까지 나와서 일했습니다. 여러분은 그러지 마십시오. 와이프한테 버림받습니다. 매일 봐도 낯설어서 서로 깜짝 깜짝 놀랍니다.

그럼에도 불구하고 사장이 되고 싶다면 저처럼 하십시오. 일터를 학교로, 일터를 놀이터로. 일터에서 배우고 일터에서 노는 법을 익히면 여러분도 20년 뒤에 바로 이 자리에 오르게 될 겁니다. 자신 있습니까? 제가 '일터를'이라고 외치면 여러분은 '학교로', 다시 한 번 제가 '일터를'이라고 외치면 여러분은 '놀이터로'라고 소리쳐주십시오.

일터를 학교로 일터를 놀이터로

자신의 신입사원 시절 이야기 세 가지를 대입해보자.

빚 갚자 두 배로 ::커뮤니티

오늘 이 자리에 와보니 새삼 제가 빚을 많이 졌구나 실감했습니다. ○○잡지사가 매달 좋은 기사를 실어줘서 경영하는 데 많은 도움을 받았습니다. 정보에 빚진 셈이고요, 저에 대해서 좋은 기사 실어주셔서 마케팅에도 도움이 많이 됐습니다. 홍보에도 빚진 셈이죠.
그리고 오늘 이렇게 좋은 자리 만들어주셔서 맛있는 저녁까지 대접해 주시니 밥까지 빚을 지고 말았습니다. 이렇게 주는 것 없이 받기만 해서 참 미안합니다. 여기 오신 CEO들의 마음이 다 저와 같을 거라 생각합니다. 그래서 이제는 빚을 갚자, 그것도 두 배로 돌려드리자는 의미에서 제가 '빚 갚자'라고 외치면 여러분은 '두 배로'라고 외쳐주시기 바랍니다.

빚 갚자 두 배로

은행 관계자, 협력업체 등 모임 성격에 따라 그 사람들에게 빚을 진 것이 무엇인가 생각해서 에피소드를 이야기하면 감사의 뜻을 함께 전할 수 있다.

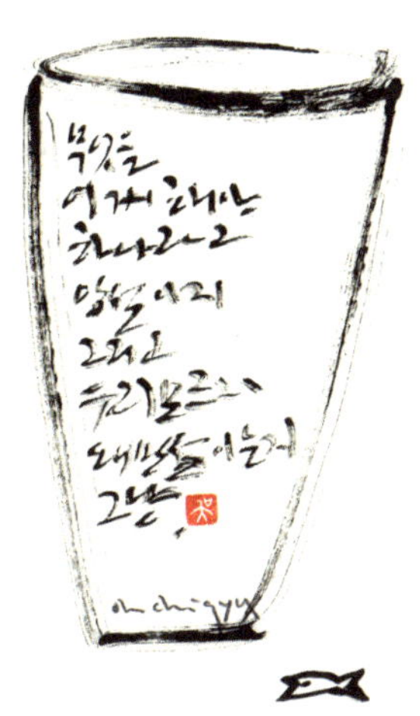

슬픔이 차올라서 한 잔을 채우다가
떠난 그대가 미워서 나 한참을 흉보다가
나 어느새 그대 말투 내가 하죠.
난 늘 술이야. 만날 술이야.
……
저물어가는 오늘도 난 술이야.

─바이브 「술이야」

아트 스피치 파이팅 ::커뮤니티

여러분, 척 보시기에도 제가 공부하게 안 생겼죠? 제 손도 한번 보십시오. 이게 무슨 사장 손입니까? 사실은 제가 30년 동안 쇠를 만진 사람입니다. 딱딱한 것만 만져서 말도 참 본때 없게 하죠. 그런데 남자가 나이 50이 넘으면 세상 사는 게 돈만 갖고 되는 게 아니더군요. 손자 손녀 만나면 따뜻한 말도 해줘야 하고, 직원들 열심히 하라고 격려도 해줘야 하고, 고생하는 아내도 다독여야 하고.

그래서 제가 아트 스피치 CEO 과정에 왔습니다. 말을 열심히 배워서 감성적인 남자로 탈바꿈하려고요. 여러분도 함께 도와주시리라 믿으면서 제가 '아트 스피치'라고 외치면 여러분은 다 함께 '파이팅'이라고 화답해주십시오.

아트 스피치 파이팅

자기소개를 겸하는 건배사다. 손이나 얼굴 등 사업 특성이 드러나는 자신의 신체적 특징을 유머러스하게 활용해보자.

배우면 내 것 안 배우면 남의 것

:: 커뮤니티

제가 앞에 나와서 보니까 여러분 얼굴이 너무 좋습니다. 눈이 반짝반짝 빛나고 얼굴이 아기같이 맑습니다. 왜 그럴까요? 배우는 걸 좋아하기 때문입니다. 27세 때 배운 것 가지고 90세까지 살려면 제일 센 게 뭘까요? 고집이죠. 그런 분들은 얼굴에 고집이 덕지덕지 붙어서 가까이 가고 싶지가 않습니다.

제가 세상 살면서 한 가지 깨달은 법칙이 있습니다. 세상의 모든 것은 배우면 내 것 안 배우면 다 남의 것이라는 겁니다. 이번 CEO 과정에서도 여기 계신 모든 분들을 스승 삼아 열심히 배워서 저의 소중한 자산으로 만들고 싶습니다. 그런 의미에서 모두 잔을 들어주십시오. 제가 '배우면'이라고 외치면 '내 것', 다시 '안 배우면'이라고 외치면 '남의 것'이라고 외쳐주십시오.

배우면 내 것 안 배우면 남의 것

어디든 배우는 자리라면 만능으로 쓸 수 있는 건배사다.

건강이 최고다 ::커뮤니티

제가 베토벤을 참 좋아하는데요, 안타깝게도 그는 57세라는 나이에 세상을 떠났습니다. 만약 그가 더 살았다면 더 많은 명곡을 썼겠죠. 엘리제만 위하는 게 아니고 메리도 위하고 줄리도 위했을 겁니다. 여기 계신 많은 CEO분들이 건강을 챙기셔야 하는 이유도 그것입니다. 지금도 이렇게 멋지게 자기 사업을 일궈왔는데, 10년 뒤에는 그동안 쌓은 경험과 통찰로 얼마나 의미 있는 일들을 더 많이 하시겠습니까?
나이가 들수록 정말 건강이 최고인 것 같습니다. 그런 뜻에서 여기 계신 CEO들의 건강을 기원하면서 제가 '건강이'라고 외치면 여러분은 '최고다'라고 화답해주시기 바랍니다.

건강이 최고다

베토벤의 곡 중에서 가장 많이 알려진 「엘리제를 위하여」가 이 건배사의 핵심이다. 「엘리제를 위하여」가 잘 부각될 수 있게 말해야 성공할 수 있다.

비우자 깨끗하게 ::커뮤니티

세상의 모든 성공에는 찌꺼기가 남는다고 합니다. 성공을 만들기까지의 과정에서 무수한 실패를 견뎌야 하기 때문입니다. 자책, 분노, 우울함, 이런 스트레스가 마구 생겨나는데요, 사실 CEO들은 이걸 처리할 시간조차 없습니다. 너무 바쁘기 때문에 일단 쌓아놓고 보는 거죠. 그래서 우리는 부지런히 마음청소를 해야 합니다. 가장 좋은 것은 대화죠. 오랜만에 마음 맞는 사장님들끼리 모이셔서 이런 저런 이야기를 나누면서 오늘 마음청소를 깨끗하게 해봤으면 좋겠습니다. 그런 뜻에서 제가 '비우자'라고 외치면 여러분은 '깨끗하게'라고 외쳐주십시오.

비우자 깨끗하게

꼭 CEO가 아니더라도 자신의 직업 특성상 어떤 찌꺼기가 남는지 생각해서 에피소드를 변형할 수 있다. 예를 들어 고객 상담을 많이 하거나 영업 분야에 종사한다면 실패나 좌절 등의 단어를 활용하면 좋다.

스승님 잘 부탁합니다 ::커뮤니티

여러분의 인생에는 스승이 몇 명 있습니까? 제 인생에는 50명의 스승이 있습니다. 그중에는 초등학교 선생님도 계시고, 저희 부모님도 계시고, 역사 속의 인물도 있습니다. 그분들을 스승으로 모신 덕분에 제가 이만큼 성장하지 않았나 생각해봅니다. 사람은 스승의 숫자만큼 성장하는데요, 그래서 저는 오늘 너무 기쁩니다. 제 인생의 스승이 돼주실 대단한 CEO분들을 너무 많이 만났기 때문입니다.
이 모임을 통해서 서로가 서로의 스승이 되는 그런 아름다운 인연을 계속 이어나갔으면 좋겠습니다. 그런 의미에서 잔을 양손으로 잡아주십시오. 스승님께 올리는 잔이니까 두 손으로 잡아야 합니다. 제가 '스승님'이라고 외치면 여러분은 '잘~ 부탁합니다'라고 외쳐주시기 바랍니다.

스승님 잘 부탁합니다

어느 자리에서든 겸손한 태도를 보이는 스피치는 무조건 만점을 받게 된다. 가장 겸손하게 보이고 싶다면 이 건배사가 제격이다.

단합

워크숍 뒤풀이 | 체육대회 뒤풀이

회식 | 합작 축하연

착공식 | 비전 선포식

배워야 사람이다 ::워크숍 뒤풀이

이번 워크숍을 통해 마케팅에 필요한 다양한 것들을 배우셨을 겁니다. 제가 보니 메모까지 하며 열심히 들으신 분도 있고, 몇몇 분들은 깜박 졸기도 하더라고요. 잠을 잔 게 아니라 눈을 감고 들으신 거라고 믿겠습니다.

공자 가라사대, 배워야 사람이라고 했습니다. 이번 워크숍에서 배운 것들을 그냥 흘려보내지 마시고, 꼭 자기 것으로 만들어서 우리 모두 사람이 됩시다. 공자님의 말씀을 되새기며 이렇게 외쳐보면 어떨까 합니다. 제가 '배워야'라고 외치면 다 함께 '사람이다'라고 힘차게 외쳐주십시오.

배워야 사람이다

팀워크나 리더십 등 워크숍에서 배운 것이나 재미있었던 에피소드를 언급해주면 좋다.

독서가 힘이다 ::워크숍 뒤풀이

"우리는 우리가 읽은 것으로 만들어진다."

독일의 소설가 마틴 발저가 한 말이죠. 지금 우리가 읽고 있는 책이 3년 후, 5년 후, 10년 후의 우리를 결정한다는 뜻입니다. 인생을 살아가는 데 있어서 좋은 책을 읽는 것이 그만큼 중요하다는 거죠.

여러분은 요즘 어떤 책을 읽고 계십니까? 아, 목소리가 작군요. 괜찮습니다. 지금부터라도 늦지 않았으니까요. 이번 워크숍에서 나눠드린 자료집부터 시작해보는 건 어떨까요? 내일부터 강사분들이 추천해준 책을 읽어보는 것도 좋겠네요.

성공한 사람치고 책을 멀리했다는 사람은 아직까지 보지 못했습니다. 우리도 앞으로 항상 책과 가까이하자는 의미에서 제가 '독서가'라고 외치면 다 함께 '힘이다'라고 합창해주시기 바랍니다.

독서가 힘이다

독서 모임이나 글쓰기 모임 등 다양한 지식 모임에서 활용할 수 있다.

건강이 최고 ::체육대회 뒤풀이

오늘 즐거우셨습니까? 몸이 건강해지는 것 같죠? 아마 오늘 억지로 나온 분들이 많을 겁니다. 저도 처음엔 주말까지 출근한다는 생각에 발이 떨어지질 않더라고요.
그런데 막상 오랜만에 운동이란 걸 해보니까 정말 건강해지는 느낌이 들더라고요. 자주 하면 곤란하지만 몇 달에 한 번 정도는 이렇게 다 같이 모여 운동을 즐기는 것도 좋을 것 같다는 생각을 해봅니다. 그런 의미에서 제가 '건강이'라고 외치면 다 함께 '최고'라고 외쳐주십시오.

건강이 최고

꼭 체육대회가 아니라도 등산, 테니스, 골프 등 운동에 관한 모임이 끝난 후에 해보자.

나는 된다 우리는 성공한다

::회식

말에도 에너지가 있다는 거 아십니까?
"잘 될 거야." 긍정적 에너지죠.
"어차피 안 돼." 부정적 에너지죠.
긍정의 말을 많이 할수록 성공에 더 가까이 갈 수 있습니다. 그런 의미에서 우리 다 함께 이렇게 외쳐봤으면 좋겠습니다. 제가 '나는'이라고 외치면 여러분이 '된다'라고 외쳐주시고, 제가 다시 '우리는'이라고 외치면 큰 목소리로 '성공한다'라고 외쳐주시기 바랍니다. 그럼 한번 해볼까요?

나는 **된다** 우리는 **성공한다**

'잘 될 거야'라는 긍정적인 말을 할 때는 목소리 톤을 높여서 분위기를 띄우고, '어차피 안 돼'와 같은 부정적인 말을 할 때는 목소리를 낮추자. 여기에 표정까지 상반되게 하면 더 효과적인 분위기를 연출할 수 있다.

뭉치자 똘똘 ::회식

중국에 이런 속담이 있다고 합니다. 행복에는 세 가지 조건이 있는데, 사랑하는 사람이 있고, 좋아하는 일이 있고, 바라볼 희망이 있어야 한다는 겁니다. 다행히도 저는 앞의 두 가지는 이미 가졌습니다. 그런데 마지막 한 가지는 저 혼자만의 힘으로는 불가능합니다. 바로 여기 계신 팀원 여러분이 함께 만들어주셔야만 가능한 일입니다.
앞으로 팀원 모두가 똘똘 뭉친다면 우리 팀의 희망, ㅇㅇ프로젝트는 분명히 성공할 수 있을 것입니다. 제가 '뭉치자'라고 외치면 여러분 모두가 '똘똘'이라고 외쳐주십시오.

뭉치자 똘똘

속담을 인용할 때는 정확하게 외워서 하자. 중간에 잊어버리면 그 순간 분위기는 싸늘해진다.

노력 앞에 장사 없다 ::회식

여러분, 이충희 감독 다들 아시죠? 농구선수로 활약할 때 최고의 슈터로 이름을 날렸잖아요. 그런데 선수 시절 이충희의 시력이 얼마였는지 아세요? 0.1입니다.

기자가 물어봤대요. 시력이 그렇게 안 좋은데 공을 넣는 게 힘들지 않냐고요. 그러자 이충희 선수가 이렇게 말했답니다.

"하루에 1,000번씩 연습했습니다. 그랬더니 나중엔 눈 감고 던져도 들어가더군요."

정말 노력 앞엔 장사가 없는 것 같습니다. 우리도 어려운 계약을 눈앞에 두고 있는데요, 지금이 바로 1,000번의 노력이 필요한 때인 것 같습니다. 그런 의미에서 제가 '노력 앞에'라고 외치면 여러분이 큰 목소리로 '장사 없다'라고 외쳐주십시오.

노력 앞에 장사 없다

운동선수 가운데 연습과 고된 훈련을 통해 성공한 사례는 무수히 많다. 모임 성격에 맞는 운동 종목과 선수를 미리 알아놨다가 응용해보자.

스트레스도 복이다 ::회식

제가 존경하는 스님이 한 분 계십니다. 그 스님에게 제 친구가 찾아가서 물었답니다.
"요즘에 활동을 많이 하다 보니까 시기하는 사람이 늘어났습니다. 저를 욕하는 사람이 많아요. 어떻게 할까요?"
그랬더니 스님이 호통을 치셨대요.
"방구석에 가만히 처박혀 있어봐라. 누가 너를 욕하겠냐. 다 복으로 생각해라."
오늘도 스트레스 많이 받으셨죠? 그게 다 복이랍니다. 제가 지금부터 '스트레스도'라고 외치면 다 함께 '복이다'라고 외쳐주세요.

스트레스도 복이다

정말 스님이 호통을 치는 것처럼 말해야 '스트레스도 복'이라는 메시지가 사람들의 공감을 얻을 수 있다.

술이 문제야. 술이 웬수야.
끊었던 니가 생각나.
……
아무리 지워도 아무리 취해도
가슴에 니가 차올라.
나의 사랑은 너여야만 하나 봐.

–왁스 「술이 웬수야」

성공 파트너 ::합작 축하연

일본의 '닌텐도'와 미국의 '애플'이 세계적인 기업이 된 비결이 뭔지 아십니까? 그건 바로 최고의 소프트웨어 회사를 자신의 파트너로 만든 겁니다. 한마디로 훌륭한 파트너가 있는 기업만이 경쟁에서 이길 수 있다는 겁니다.

그런 점에서 우리는 이미 절반은 성공한 것이나 마찬가지입니다. 세계 최고를 자랑하는 ㅇㅇ기업이 우리의 파트너가 됐기 때문입니다. 마치 천군만마를 얻은 것처럼 마음이 든든합니다. 여기 계신 분들도 모두 저와 같은 마음일 겁니다. 그 마음을 모아 제가 '성공'이라고 외치면 다 함께 '파트너'라고 외쳐봅시다.

성공 파트너

'성공'이라는 선창 대신, 합작 대상 회사의 이름을 외쳐도 효과적이다.

성공은 작은 것부터 ::착공식

어느 마라톤 선수가 완주를 하고 나서 기자들과 인터뷰를 했습니다. 기자들이 뛰면서 가장 힘든 점이 뭐냐고 물었죠. 그랬더니 그는 '신발 속에 들어간 모래 한 알'이라고 대답했습니다. 맞바람이나 가파른 오르막길처럼 큰 시련이 아니라, 모래알처럼 아주 작고 사소한 것 때문에 승패가 좌우될 수 있다는 겁니다.

우리도 모래 한 알까지 살피는 매의 눈으로 이번 공사를 꼭 성공시킵시다. 그런 의미에서 제가 '성공은'이라고 외치면 여러분의 열정을 한데 모아 '작은 것부터'라고 외쳐주시기 바랍니다.

성공은 작은 것부터

이 건배사는 '모래 한 알'이 핵심 키워드다. 상황에 맞게 안전이나 시간 등 우리 회사의 '모래 한 알'을 에피소드로 구성해보자.

시대를 리드하자 ::비전 선포식

전 세계를 통틀어 가장 오래된 회사가 어딘지 아십니까? 바로 GE라는 기업입니다. 올해로 133년이 됐거든요. 이 회사의 장수 비결이 뭔지 아십니까? 그건 바로 시대적 변화에 민감했다는 겁니다.
우리는 오늘 새로운 비전을 선포했습니다. 바로 '시대적 변화를 이끄는 기업으로의 도약'입니다. 과감하게 도전하고 변화를 즐깁시다. 여러분, 자신 있으시죠? 그럼 다 함께 외쳐봅시다. 제가 '시대를'이라고 선창하면 여러분이 '리드하자'라고 화답해주시기 바랍니다.

시대를 리드하자

비전 선포식은 일반 모임과 달리 공식적인 분위기가 필요하다. 힘 있는 목소리로 이야기를 끌어가는 것이 중요하다.

끝까지 달리자 ::비전 선포식

성공하는 사람에겐 세 가지 공통점이 있습니다. 말수가 적고, 실천이 많으며, 문제가 생겨도 절대 멈추지 않는다는 겁니다. 자전거는 계속 페달을 밟고 있는 한 절대 넘어지지 않습니다.

우리도 업계 1위라는 우리의 목표를 성공시킬 때까지 절대 멈추지 않을 것입니다. 절대 쓰러지지 않을 것입니다. 여러분, 자신 있으시죠? 그럼 다 함께 외쳐봅시다. 제가 '끝까지'라고 외치면 여러분께서 '달리자'라고 외쳐주시기 바랍니다.

끝까지 달리자

마지막에 후창 '달리자'를 세 번 반복해서 외치는 것도 좋다.

우리는 승리한다 ::비전 선포식

한 여배우가 영화 데뷔를 앞두고 있었습니다. 그런데 영화사 사장이 이름을 바꾸자고 했답니다. 당대 유명한 여배우 캐서린 헵번과 이름이 같았거든요. 하지만 이 신인 여배우는 당돌하게도 자기 이름을 고집했습니다. 그녀가 누구인지 아십니까? 바로 전 세계가 사랑한 여배우, 오드리 헵번입니다. 그녀는 자신의 가치를 믿었고, 그 믿음만큼 세계적인 여배우가 될 수 있었습니다.

지금 우리에게도 믿음이 필요한 것 같습니다. 우리가 옳다는 확신, 옳은 것은 반드시 승리한다는 믿음을 가집시다. 그런 의미에서 제가 '우리는'이라고 외치면 모두 함께 큰 목소리로 '승리한다'라고 외쳐주시기 바랍니다.

우리는 승리한다

선창 '우리는' 대신에 디자인, 고객 만족 등 상황에 맞는 단어를 활용해보자.

축하

신입사원 환영회 | 승진 축하연

취임식 | 목표 달성 기념식

신제품 발표회 | 창립 기념식

미래로 출발 ::신입사원 환영회

제가 대학생 시절부터 늘 가슴에 품고 있는 말이 있습니다.
"항구에 닻을 내리고 있는 배는 안전하다. 하지만 그것이 배의 존재 이유는 아니다."
이제 출항을 준비하는 여러분, 주저하지 말고 밧줄을 푸세요. 안전한 항구를 벗어나서 마음껏 항해를 떠나세요. 탐험하고 꿈꾸고 발견하세요.
회사와 이 자리에 있는 많은 선배들도 여러분의 도전을 힘껏 돕겠습니다. 그럼 우리 다 함께 큰 목소리로 외쳐볼까요? 제가 '미래로'라고 하면 여러분이 '출발'이라고 힘껏 외치면 됩니다.

미래로 **출발**

명사의 말은 정확하게 외워서 말해야 사람들에게 감동을 줄 수 있다.

오늘부터 투자하자 ::신입사원 환영회

꿈을 이루는 방법이 뭔지 아십니까? 특급 비밀 하나를 알려드리죠. 꿈이 생기면 즉시 선투자하십시오. 영어를 잘해야겠다는 꿈을 꾸시면 오늘 당장 학원에 등록해야 한다는 얘깁니다. 회사에서 임원까지 성공하고 싶다고 생각하신다면 오늘부터 바로 최고의 사원이 돼야 합니다. 자, 지금부터 투자하십시오. 꿈은 이루어집니다. 제가 '오늘부터'라고 외치면 여러분은 '투자하자'라고 목청껏 외쳐주세요.

오늘부터 투자하자

'특급 비밀 하나를 알려 드리죠'를 말할 때 작은 목소리로 해보자. 사람들이 귀를 쫑긋 세우며 들을 것이다.

무조건 충성 ::승진 축하연

소설『어린 왕자』로 유명한 생텍쥐페리가 이런 말을 했습니다.
"배를 만들고 싶다면 사람들에게 일감을 나눠주지 마라. 바다에 대한 동경심을 키워줘라."
일을 주면 주어진 일만 하지만, 비전을 주면 최고의 역량을 발휘하게 된다는 얘깁니다. 우리 팀이 지금까지 가장 높은 실적을 낼 수 있었던 건 우리의 실력 때문이 아닙니다.
우리들에게 일이 아닌 비전을 주고자 노력하셨던 김 부장님이 계셨기 때문입니다. 이번에 이사님으로 승진하신 것도 절대 우연이 아니죠. 앞으로 더 높은 비전으로 저희들을 이끌어주실 거라고 믿습니다. 제가 '무조건'이라고 외치면 다 함께 '충성'이라고 화답해주시기 바랍니다.

무조건 충성

후창 '충성'을 세 번 외치자. 그리고 뒤로 갈수록 더 크게 외치자. 선후창을 제안할 때 자신이 시범을 보이면 효과적이다.

그분이 오셨다 ::승진 축하연

우리는 오늘 길라임 부장을 새로운 경영전략본부장으로 모셨습니다. 길라임 신임 본부장은 일에 대한 열정과 능력, 날카로운 판단력과 추진력까지, 리더에게 필요한 모든 것을 갖추고 있는 분입니다. '강철왕'으로 불리는 미국의 사업가 앤드루 카네기가 이런 말을 했다죠.
"성공의 비결은 자신이 직접 그 일을 하는 게 아니라, 그 일을 할 적임자를 알아내는 데 있다."
우리는 이미 절반은 성공한 것이나 다름없습니다. 길라임 본부장이야말로 회사의 미래가 걸려 있는 경영전략본부를 이끌어갈 최고의 적임자이기 때문입니다. 바로 '그분'이 오신 겁니다. 여러분도 그렇게 생각하시죠? 그럼 제가 '그분이'라고 외치면 여러분께서 '오셨다'라고 외쳐주시기 바랍니다.

그분이 오셨다

이 건배사에서 '그분'은 우리가 흔히 우스갯소리로 말하는 '그분'이다. 이 개그적 요소를 살리는 게 이 건배사의 포인트다.

두 팔 벌려 환영합니다 ::취임식

서울에서 부산까지 가장 빨리 가는 방법이 뭔지 아십니까? 그건 바로 사랑하는 사람과 함께 가는 겁니다. 오늘부터 김주원 대표님이 우리의 여행을 선두에서 이끌게 되셨습니다. 긴 여행길이다 보니 가끔은 길을 헤매기도 하고, 환승역에 잘못 내려 먼 길을 돌아갈 때도 있을 겁니다.
하지만 우리가 가는 길은 결코 지루하거나 길게 느껴지지 않을 겁니다. 그동안 회사의 성장과 발전을 위해 아낌없이 헌신하신 김주원 대표님과 함께 떠나는 여행이니까요. 여러분도 그렇게 생각하시죠? 그럼 다 함께 대표님을 향해 이렇게 외쳐봅시다. 제가 '두 팔 벌려'라고 외치면 모두가 한목소리로 '환영합니다'라고 외쳐주시기 바랍니다.

두 팔 벌려 환영합니다

과잉 충성 건배사다. 심각하게 하면 아부가 되고, 재미있게 하면 애교스런 분위기를 연출할 수 있다.

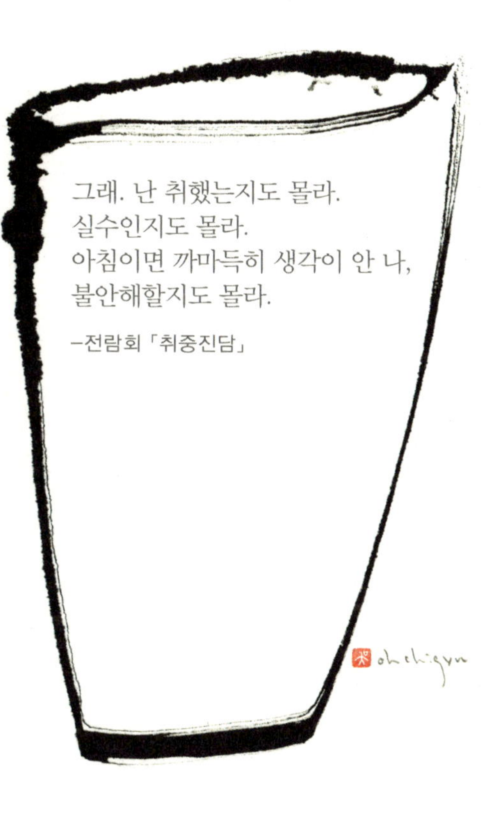

그래. 난 취했는지도 몰라.
실수인지도 몰라.
아침이면 까마득히 생각이 안 나,
불안해할지도 몰라.

–전람회 「취중진담」

불가능은 없다 ::목표 달성 기념식

1년 전 우리는 거대한 목표를 세웠습니다. 바로 '연 매출 100억 원'이었죠. 많은 사람들이 불가능한 목표라며 비웃었습니다. 요즘처럼 불경기에 매출을 두 배로 키우겠다니, 상식적으로 생각하면 불가능하다는 표현이 맞을 겁니다.
하지만 우리가 누굽니까? 영화 「미션 임파서블」의 톰 크루즈도 울고 갈 정도로 대단한 실력과 배짱을 가진 사람들 아닙니까? 그동안 휴가도 반납한 채 열정적으로 뛰어준 여러분이 있기에 오늘의 성공이 가능했다고 생각합니다. 모든 영광을 여러분에게 돌리며 함께 외쳐봤으면 좋겠습니다. 제가 '불가능은'이라고 외치면 다 함께 '없다'라고 소리쳐주시기 바랍니다.

불가능은 없다

성공의 이유는 회사마다 다르다. 열정, 끈기, 충성, 희생 등 상황에 맞는 핵심 단어를 넣어 분위기를 띄워보자.

목표를 향해 날아가자 ::목표 달성 기념식

제가 초등학교 시절 육상선수를 했었습니다. 지옥훈련을 했었죠. 발에 모래주머니를 차고 뛰었습니다. 한 달을 그렇게 훈련하다가 모래주머니를 떼어냈는데 어떻게 됐을까요? 하늘로 날았습니다.
우리는 훈련된 선수들입니다. 목표를 향해서 날아갑시다. 제가 '목표를 향해'라고 외치면 여러분이 '날아가자'라고 외쳐주시기 바랍니다.

목표를 향해 날아가자

친구에게 이야기하듯이 진솔하게 말하는 게 포인트다.

최선입니까 확실합니다

::신제품 발표회

드라마 「시크릿 가든」에서 현빈이 이렇게 물어봅니다.
"이게 최선입니까? 확실해요?"
오늘 드디어 개발팀에서 신제품을 내놨습니다. 이제 고객들은 우리에게 물어볼 것입니다.
"이 제품이 최선입니까? 확실해요?"
저는 자신 있게 대답하겠습니다.
"네! 확실합니다!"
지난 6개월 동안 신제품을 개발하느라 불철주야 애쓴 개발팀, 정말 수고가 많았습니다. 앞으로 이 제품은 우리나라 디지털 디바이스의 역사를 새로 쓰게 될 것입니다. 여러분도 그렇게 생각하시죠? 네, 그럼 이제 모두 잔을 들어주세요. 그리고 제가 '최선입니까?'라고 물으면 여러분이 '확실합니다'라고 외쳐주시면 됩니다. 자, 그럼 시작하겠습니다.

최선입니까 확실합니다

드라마 「시크릿 가든」의 현빈처럼 말해야 맛깔나는 건배사를 할 수 있다.

술이란 마법 같지.
근사한 양복신사 허름한 청바지 학생도
취하면 모두 동무.

–토이 「애주가」

우리가 미래다 ::신제품 발표회

저는 확신합니다. 오늘 우리가 내놓은 이 신제품은 앞으로 1년 후 없어서 못 파는 베스트셀러가 될 것입니다. 사람들은 매일 밥을 먹듯이 당연히 우리의 제품을 사게 될 것입니다. 경영학의 아버지 피터 드러커가 이런 말을 했습니다.

"미래를 예측하는 가장 좋은 방법은 바로 미래를 창조하는 것이다."

우리의 피와 땀이 고스란히 배어 있는 이 제품을 기필코 베스트셀러로 만듭시다. 우리는 할 수 있습니다. 여러분, 자신 있으시죠? 그럼 다 함께 외쳐봅시다. 제가 '우리가'라고 외치면 여러분께서 '미래다'라고 화답해 주시기 바랍니다.

우리가 미래다

선창 '우리가' 대신에 신제품 이름을 외치면 더 효과적이다.

불가능을 가능으로 ::창립 기념식

바람이 불지 않을 때 바람개비를 돌리는 방법이 뭔지 아십니까? 바로 앞으로 달려나가는 겁니다. 요즘 경기가 좋지 않다고 걱정이 많습니다. 앞으로 더 많은 위기가 우리를 찾아오겠죠.
하지만 우리는 끄떡없을 겁니다. 바람이 불지 않으면 뜀박질을 해서라도 바람을 만들어내는 강한 의지가 있기 때문입니다. 그런 의미에서 제가 '불가능을'이라고 선창하면 모두가 큰 목소리로 '가능으로'라고 소리쳐주세요.

불가능을 가능으로

경기가 좋지 않을 때는 건배사에 격려와 힘을 실어줄 필요가 있다. 의지 있는 목소리로 쭉 달리듯이 외쳐보자.

시련을 희망으로 ::창립 기념식

영국 속담에 '평온한 바다는 결코 유능한 뱃사람을 만들 수 없다'는 말이 있습니다. 시련 없이는 결코 성공도 없다는 얘기죠. 어떤 위기가 오더라도 우리는 시련을 희망으로 바꿀 수 있습니다.
여러분도 그렇게 믿으시죠? 자, 그럼 제가 지금부터 '시련을'이라고 외칠 테니까 다 함께 '희망으로'라고 화답해주시기 바랍니다.

시련을 희망으로

회사 상황에 맞게 시련에 관한 다양한 속담이나 명언을 응용하는 것도 좋다.

격려

계약·프로젝트 실패 위로연

승진 누락 위로연 | 명예퇴직 송별회

정년퇴임 송별회

오늘의 실패가 내일의 성공이다

::계약 · 프로젝트 실패 위로연

여러분, 절대 실패하지 않는 방법이 뭔지 아십니까? 그건 바로 아무것도 하지 않는 것입니다. 발명가가 가장 소중하게 생각하는 재산 목록 1호는 바로 실패 노트랍니다.
우리는 실패 노트를 한 장 더 추가했습니다. 그러나 오늘의 실패는 내일의 위대한 발명을 위한 자료가 될 것입니다. 그런 의미에서 제가 '오늘의 실패가'라고 선창하면 여러분이 '내일의 성공이다'라고 합창해주시기 바랍니다.

오늘의 실패가 내일의 성공이다

선후창이 두 마디이기 때문에 약간 분위기가 늘어질 수 있다. 구호를 제안할 때 리듬을 넣어주면 사람들이 따라 하기 쉬워진다.

성공을 향해 달려가자

::계약 · 프로젝트 실패 위로연

헬렌 켈러가 이런 말을 했죠.

"사람들은 행복의 한쪽 문이 닫히면 그 문만 쳐다보느라 동시에 열린 다른 행복의 문을 보지 못한다."

아시는 것처럼 우리는 이번 프로젝트는 실패했습니다. 하지만 절대 좌절할 이유가 없습니다. 우리에겐 새로운 프로젝트라는 또 다른 행복의 문이 활짝 열려 있기 때문입니다.

지금부터 우리가 해야 할 일은 굳게 닫힌 실패의 문을 바라보는 것이 아니라, 활짝 열린 성공의 문으로 성큼성큼 걸어가는 것입니다. 어때요, 조금은 힘이 생기는 것 같지 않나요? 그럼 다 함께 외쳐봅시다. 제가 '성공을 향해'라고 외치면 여러분은 '달려가자'라고 힘껏 외쳐주시면 됩니다. 자, 그럼 시작합니다.

성공을 향해 달려가자

이 건배사의 핵심 메시지인 '행복의 문' 이야기를 사람들에게 이해시키는 것이 중요하다.

김 대리가 최고야 ::승진 누락 위로연

프랑스의 어느 작가가 이런 말을 했다고 합니다.
"적을 만들고 싶다면 내가 그들보다 잘났다는 사실을 증명하라. 그러나 친구를 얻고 싶다면 그가 나보다 뛰어나도록 만들어라."
우리 김 대리는 언제나 자신보다 우리 팀을 먼저 생각했습니다. 보이지 않는 곳에서 팀원들을 도와주고 우리가 더 잘할 수 있게 배려해줬습니다. 비록 이번 승진심사에선 미역국을 마셨지만, 잠깐의 시련일 뿐입니다. 팀을 성공으로 이끌 줄 아는 김 대리야말로 우리 회사에 없어서는 안 될 보물이니까요.
여러분도 그렇게 생각하시죠? 그럼 우리 다 함께 외쳐봅시다. 제가 '김 대리가'라고 외치면 여러분이 '최고야'라고 소리쳐주시기 바랍니다.

김 대리가 최고야

모임 주인공의 장점을 찾아내서 부각시키면 효과 만점이다.

남자라면 원샷. 남기면 쪽팔려.
견뎌낼 수 있다면
한 잔 더, 한 잔 더.
뭘 망설이는데.
어차피 망가지는 건 다 똑같애.

—바비킴 「한 잔 더」

나중 된 자가 먼저 된다

::승진 누락 위로연

성경 말씀에 '먼저 된 자가 나중 되고, 나중 된 자가 먼저 된다'는 말이 있습니다. 먼저 된다고 좋은 게 아닙니다. 오늘 일에 실망하지 말고 나중 된 자가 먼저 된다는 말을 믿읍시다. 그런 의미에서 제가 '나중 된 자가'라고 외치면 여러분이 '먼저 된다'라고 외쳐주시기 바랍니다.

나중 된 자가 먼저 된다

위로하는 모임에선 건배사를 외칠 때 목소리 톤을 무겁게 하면서도 선후창에서 펀(fun)을 이끌어내야 확실하게 분위기를 반전시킬 수 있다.

부장님 존경합니다 ::명예퇴직 송별회

미국의 자동차왕 헨리 포드가 이런 말을 했습니다.
"세상이 당신을 위해 해준 것보다, 당신이 세상을 위해 더 많은 것을 해주는 것이 진정한 성공이다."
저는 우리 부장님이야말로 진정한 승자라고 생각합니다. 자신의 성공보다 후배의 성공을 더 기뻐하신 분입니다. 자신이 손해를 보더라도 후배들이 능력을 인정받도록 아낌없이 지원해주신 분입니다. 후배들이 큰 실수를 할 때조차 질책보다는 용기와 칭찬을 해주신 분입니다.
비록 부장님은 오늘 우리의 곁을 떠나시지만, 부장님의 그 사랑은 절대 잊지 못할 겁니다. 그럼 지금부터 우리의 사랑을 모아 제가 '부장님'이라고 외치면 다 함께 큰 목소리로 '존경합니다'라고 외쳐주시기 바랍니다.

부장님 존경합니다

부장님에게 감동했던 사건이나 재미있었던 일을 각색해서 이야기하면 좋다.

스승님 사랑합니다 ::정년퇴임 송별회

우리는 김주원 사장님께 많은 것을 배웠습니다. 성실함은 모든 것을 이긴다는 진리를 배웠습니다. 사람의 마음을 얻는 방법을 배웠습니다. 무엇보다 돈이 아닌 사람을 얻어야 한다는 가르침을 배웠습니다. 그래서 김주원 사장님은 우리에게 스승님입니다.
비록 지금은 헤어지지만 우리는 앞으로도 김주원 사장님을 영원히 스승님으로 모실 겁니다. 우리의 영원한 스승이신 김 사장님을 위해 다 함께 외쳐봅시다. 제가 '스승님'이라고 외치면 여러분께서 '사랑합니다'라고 소리 질러주시기 바랍니다.

스승님 사랑합니다

송별회 모임에선 엄숙하고 품격 있게 바리톤 음색으로 건배사를 연출해보자.

기나긴 겨울밤을 함께 지내며
소리 없는 흐느낌을 서로 달래며
마주치는 술잔 위에 흐르던 사연
흔들리는 불빛 위에 어리는 모습
그리운 그 얼굴을 술잔에 담네.

–이장희 「한 잔의 추억」

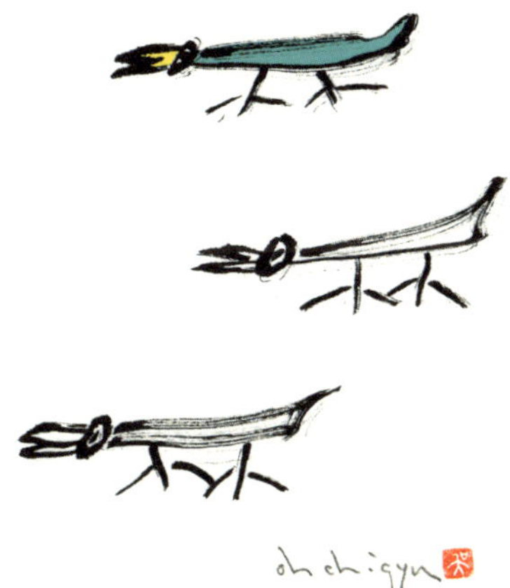

큰형님 사랑합니다 ::정년퇴임 송별회

헤어짐이 슬픈 건 헤어지고 나서야 비로소 만남의 가치를 깨닫기 때문이라고 합니다. 오늘 정년퇴임하시는 김 이사님을 보내는 저희들의 심정이 꼭 그런 것 같습니다. 항상 앞에서 후배들을 열정적으로 이끌어주시고, 저희들이 흐트러질 때마다 큰형님처럼 호되게 꾸짖어주시던 김 이사님.

지금까지는 이사님이었지만 앞으로는 영원한 큰형님으로 모시겠습니다. 그럼 지금부터 우리의 마음을 모으고 모아 제가 '큰형님'이라고 외치면 다 함께 '사랑합니다'를 세 번 외쳐주십시오.

큰형님 사랑합니다 사랑합니다 사랑합니다

마치 동생이 형님에게 말하는 것처럼, 사적으로 가까운 느낌을 주도록 말해보자. 훈훈한 분위기를 연출할 수 있을 것이다.

친목

회식

송년 모임 | 신년 모임

골프 모임

우리는 슈퍼스타 ::회식

요즘 노래 경연 프로그램이 대세죠. 「나는 가수다」「슈퍼스타 K」「위대한 탄생」 등을 보면 스타들이 나와 저마다 실력을 뽐내며 경쟁을 펼칩니다. 그런데 스타는 꼭 TV에서만 볼 수 있는 게 아닙니다. 우리 회사에도 마케팅의 여왕 김 대리가 있고, 영업의 달인 박 과장님이 있고, 기획의 천재 이 부장님이 있습니다.
각자 맡은 자리에서 열심히 노력하는 여러분이 바로 우리 회사의 진정한 스타입니다. 여러분, 그렇지 않습니까? 그런 의미에서 제가 '우리는'이라고 외치면 모두 함께 '슈퍼스타'라고 화답해주시기 바랍니다.

우리는 슈퍼스타

직원 중에 세 명을 지칭하면서 분위기를 띄우는 게 핵심이다. 세 명을 확실하게 띄워주면 모임 분위기도 확실하게 띄울 수 있다.

걸리면 죽는다 ::회식

공자의 제자 증자는 매일 세 번씩 반성했다고 합니다.
'남을 위해 일할 때 정성을 다했는가? 벗들과 사귈 때 신의를 다했는가? 전수 받은 가르침을 실천에 옮겼는가?'
우리도 오늘만큼은 반성의 시간을 가져봤으면 좋겠습니다.
'남들이 술 마실 때 안주만 먹지는 않았는가? 부장님이 말씀하실 때 딴 생각 안 하고 성실하게 들었는가? 지난번 회식 때 전수받은 폭탄주 제조법을 실천에 옮겼는가?'
자, 그럼 지금부터 숙제검사 들어갑니다. 이 중에 하나라도 양심에 찔리는 것이 있다면 잔을 높이 들어주십시오. 그리고 외칩시다. 제가 '걸리면'이라고 외치면 다 함께 '죽는다'라고 외쳐주시기 바랍니다.

걸리면 죽는다

술자리 분위기가 어느 정도 무르익었을 때 분위기를 띄우는 건배사다. 장난스러운 말투로 말하는 게 핵심이다.

제대로 놀아보자 ::회식

예전에는 '뛰는 놈 위에 나는 놈 있다'고 했잖아요. 그런데 요즘에는 뭐라고 하는지 아세요? 나는 놈 위에 노는 놈이 있답니다. 20세기에는 성실한 사람이 성공했지만, 21세기에는 제대로 놀 줄 아는 사람이 일에서도 제대로 성공한다는 겁니다.
우리, 오늘 한번 미친 듯이 놀아봅시다. 그리고 잘 노는 사람이 성공한다는 걸 꼭 보여줍시다. 여러분, 할 수 있으시죠? 그럼 제가 '제대로'라고 외치면 다 함께 '놀아보자'라고 소리 질러주세요.

제대로 놀아보자

이 건배사는 '미친 듯이 놀아보자'에 포인트가 있다. 나부터 미친 듯이 놀겠다는 느낌으로 신나게 외쳐보자. 분위기가 무르익었을 때 외치면 금상첨화.

어차피 인생은 빈 술잔 들고 취하는 것.
그대여, 나머지 설움은 나의 빈 잔에 채워주.

–남진 「빈잔」

어차피 할 거 즐겁게 하자 ::회식

제가 존경하는 한 교수님이 이런 말씀을 하셨습니다.
"재미있게 일하는 사람만이 오래 일할 수 있다. 그래야 최고가 될 수 있다."
요즘 프로젝트 때문에 부쩍 일이 많아져서 다들 지치셨을 텐데요, 방법은 하나밖에 없는 것 같습니다. 어차피 해야 할 일, 즐겁고 재미있게 하는 거죠. 자, 그럼 이제부터 제가 '어차피 할 거'라고 외치면 큰 목소리로 '즐겁게 하자'라고 소리 질러주세요.

어차피 할 거 즐겁게 하자

선후창을 재미있게 외치는 데 집중해야 한다. 리듬을 타며 내가 한번 운을 띄워줘야 사람들이 따라할 수 있다.

평화는 나로부터 ::송년 모임

베트남의 틱낫한 스님이 이렇게 말했습니다.
"사랑과 평화를 실천하는 사람은 남을 비난하지 않는다. 네가 먼저 사과하면 나도 사과하겠다는 옹졸한 말도 하지 않는다. 왜냐하면 평화는 언제나 나로부터 시작되기 때문이다."
연말이 되니 새삼 사랑과 평화의 의미에 대해 생각해보게 됩니다. 저 역시 올해 많은 이들을 비난하고 옹졸하게 굴었던 것이 아닌가 반성하게 되는데요, 새해부터는 우리 모두 아름다운 피스 메이커가 되자는 의미에서 함께 구호를 외쳐봤으면 좋겠습니다. 제가 '평화는'이라고 선창하면 여러분께서 '나로부터'라고 외쳐주시기 바랍니다.

평화는 나로부터

한 해를 정리하는 송년모임에선 어느 정도 무게감 있는 이야기를 하는 게 좋다.

나눔은 행복이다 ::송년 모임

중국에 이런 속담이 있습니다.
"한 시간 행복하려면 낮잠을 자고, 하루 행복하려면 낚시를 하고, 한 달 행복하려면 결혼을 하고, 1년 행복하려면 유산을 받아라. 그리고 평생 행복하려면 네 주위의 가난한 사람을 도와라."
늘 새해가 되면 1년 계획을 세우게 되는데요, 중국 속담처럼 나눔을 통해 평생 행복을 얻는 것도 의미 있는 일이 되지 않을까 합니다. 그런 의미에서 제가 '나눔은'이라고 외치면 여러분께서 '행복이다'라고 외쳐주시기 바랍니다.

나눔은 행복이다

연말이 되면 기부 모임이 많다. 이런 모임에선 나눔이란 단어가 핵심이 되도록 해보자.

이루지 못한 사랑도
운명으로 돌린 이별도
취해서 울던 날들이
오늘 왜 다시 떠오르는가.

-심수봉 「눈물의 술」

아낌없이 행복하자 ::신년 모임

캐나다의 한 심리학자가 재미있는 실험을 했습니다. 기분이 좋거나 행복할 때, 또는 속상하거나 우울할 때 종이에 적도록 한 겁니다. 우리가 경험하는 감정을 숫자로 세어본 건데요, 실험 결과 행복한 감정이 두 배나 더 많았다고 합니다.

인생이 아무리 힘들고 어려워도 행복한 순간이 더 많다는 거죠. 올해는 모든 분들이 행복을 더 많이 느끼는 한 해가 됐으면 좋겠습니다. 그런 의미에서 제가 '아낌없이'라고 외치면 다 함께 '행복하자'라고 외쳐주시기 바랍니다.

아낌없이 행복하자

한 해를 시작할 때 제일 좋은 단어는 평범하면서도 마음을 따뜻하게 해주는 '행복'이라는 단어다. 행복에 관한 명언을 미리 알아뒀다가 중간에 섞어서 이야기해도 좋다.

이 또한 지나가리라 ::신년 모임

저는 힘든 일을 겪을 때면 스스로에게 하는 말이 있습니다.
"이 또한 지나가리라."
이렇게 몇 번 외치고 나면 마음이 훨씬 가벼워지더라고요. 당장 죽을 것처럼 힘든 일도 결국은 다 지나가게 마련입니다. 찰리 채플린이 이런 말을 했죠. '인생은 가까이서 보면 비극이지만 멀리서 보면 희극'이라고요. 올해에는 여러분 모두의 인생이 웃음이 넘치는 희극이 되길 바라면서 다 함께 주문을 외워봤으면 좋겠습니다. 제가 '이 또한'이라고 외치면 여러분이 '지나가리라'라고 외쳐주세요.

이 또한 지나가리라

한 해 동안 어려움이 많았던 경우 '올해는 무조건 된다'는 식의 구호보다는, 자숙하면서 마음을 다지는 건배사를 해보자.

다타이신 소타이심 ::골프 모임

요즘 골프장에서 이런 사자성어가 유행이라고 합니다. 다타이신(多打利身), 소타이심(少打利心). 공을 많이 치면 몸에 이롭고 적게 치면 마음에 이롭다는 뜻이죠.

오늘 공을 많이 치신 분도 있고 적게 치신 분도 있습니다. 공을 많이 친 분은 몸이 건강해지니 좋고 적게 친 분은 마음이 건강해지니 좋지요. 여기 계신 어느 누구도 실망할 게 하나도 없다는 겁니다. 게다가 골프를 통해 우리 모두 오랜만에 한자리에 모였으니 이보다 좋은 것이 없습니다. 이제 모두 앞에 놓인 잔을 들어주십시오. 그리고 제가 '다타이신'이라고 외치면 여러분은 '소타이심'이라고 화답해주시기 바랍니다.

다타이신 소타이심

골프를 잘 치는 사람이든 못 치는 사람이든 모두에게 환영받는 건배사다.

골프도 굿 샷 건강도 굿 샷

::골프 모임

여러분, 저를 한번 봐주세요. 공 잘 치게 생겼습니까? 팔 짧죠, 다리 짧죠, 머리는 또 얼마나 큽니까? 제가 20년 동안 광고회사에 다녔는데요, 그동안 머리만 썼더니 보시다시피 몸이 영 말이 아닙니다. 지금 제 나이가 50인데 이 몸으로 90세까지 살 생각을 하니 막막하더라고요. 그래서 늦었지만 이제부터라도 건강을 챙겨야겠다는 생각에 골프대학에 등록하게 됐습니다. 여러분께서 저의 건강 도우미가 돼서 많이 챙겨주셨으면 합니다. 그런 의미에서 제가 '골프도 굿 샷'이라고 외치면 여러분께서 '건강도 굿 샷'이라고 외쳐주시기 바랍니다.

골프도 굿 샷 건강도 굿 샷

스윙하는 폼을 연출하면서 건배사를 외치면 생동감이 있다.

Part 2

커뮤니티 건배사

축하

생일 축하연 | 결혼식 피로연

집들이 | 졸업식 뒤풀이

제대 축하연 | 취직 축하연

승진 축하연 | 개업식 | 출판기념회

수상 축하연 | 당선 축하연

와인처럼 익어가자 ::생일 축하연

오래될수록 좋은 게 몇 가지가 있죠. 저는 개인적으로 와인을 좋아하는데요, 오래 숙성된 와인일수록 깊은 맛이 나는 게 아주 일품입니다. 그런데 제가 그 비싼 와인보다 더 좋아하는 게 있습니다.

바로 제 친구 라임이입니다. 초등학교 3학년 때 우연히 짝꿍이 된 뒤부터 둘도 없는 친구로 지냈는데, 그게 벌써 20년이 넘었네요. 최고급 와인보다 훨씬 더 오래된 사이인 거죠.

오늘이 라임이의 서른한 번째 생일인데요, 와인 저리 가라 할 정도로 알면 알수록 진국인 라임이를 위해 이렇게 외쳐봤으면 좋겠습니다. 자, 모두 앞에 있는 와인잔을 들어주시고요, 제가 '와인처럼'이라고 외치면 여러분께서 '익어가자'라고 외쳐주시기 바랍니다.

와인처럼 익어가자

생일 축하는 한 사람을 위한 건배사다. 많은 사람에게 눈길을 주는 것보다 생일 주인공을 진하게 바라보며 건배사를 외쳐보자.

언제나 스마일 ::생일 축하연

나이를 먹을수록 절대 피할 수 없는 게 하나 있죠. 바로 얼굴의 주름입니다. 아무리 좋은 아이크림을 발라도 한번 생긴 주름은 쉽게 지울 수가 없더라고요.
제 친구 라임이도 요새 부쩍 주름이 늘어나는 것 같다면서 걱정을 많이 했어요. 그래서 이번 생일에 아이크림을 사줄까 했는데 생각을 바꿨습니다. 마크 트웨인이 했던 말이 생각났거든요.
"얼굴의 주름이란 미소가 있던 자리다."
그렇게 생각하니까 왠지 라임이의 미소가 쌓인 흔적을 지우고 싶지 않더라고요. 아이크림 대신 라임이가 앞으로도 주름 걱정 없이 웃을 일만 생겼으면 좋겠다는 의미에서 이 말을 해주고 싶습니다. 제가 '언제나'라고 외치면 다 함께 '스마일'이라고 외쳐주세요.

언제나 스마일

선후창은 '스마일'인데 정작 자신이 얼굴을 찡그리며 말하면 효과가 떨어진다. 밝게 웃는 표정을 지으며 건배사를 외쳐보자.

김주원 고고 길라임 고고

::결혼식 피로연

오늘 드디어 주원이와 라임이가 결혼을 했습니다. 그동안 툭하면 싸우고, 헤어지겠다고 난리치고, 그러다가 며칠 후면 깨가 쏟아지고, 완전히 닭살 커플의 대명사였죠.
솔직히 그동안 주원이가 라임이와 싸울 때마다 저, 정말 힘들었습니다. 같이 술 마셔줘야죠, 시시콜콜 신세 한탄 들어줘야죠, 취하면 택시 태워 보내야죠, 아주 웬수들이 따로 없었답니다.
그런데 다행히 오늘 두 사람이 드디어 결혼에 골인했습니다. 앞으로는 뒤돌아보지 말고 앞만 보고 살아가라는 의미에서 제가 '김주원'이라고 외치면 다 함께 '고고'를 외치고, 다시 제가 '길라임'이라고 하면 한 번 더 '고고'를 크게 외쳐주세요.

김주원 고고 길라임 고고

친구에게 수다를 떠는 느낌으로 말해야 효과적인 건배사다.

행복해라 오래오래 ::집들이

니체가 이런 말을 했습니다.
"이기려면 압도적으로 이겨라. 그것이 패자를 위한 승자의 매너다."
그러고 보면 주원이는 참 매너 있는 놈입니다. 저는 아직 결혼도 못했는데, 주원이는 벌써 이렇게 아름다운 아내도 있고 토끼 같은 딸도 있고 서울 한복판에 자기 집까지 마련했으니 말입니다.
정말 압도적인 승리라는 말밖에 할 말이 없네요. 어릴 때부터 주원이와 제가 숙명의 라이벌이었거든요. 하지만 오늘은 결과에 깨끗이 승복하는 패자의 마음으로 이 말을 해주고 싶네요. 제가 '행복해라'라고 외치면 모두 함께 '오래오래'라고 소리 질러주시기 바랍니다.

행복해라 오래오래

친구의 행복한 모습에 '나는 졌다'며 넉살을 떠는 것이 이 건배사의 핵심 포인트다. 최대한 익살스럽게 분위기를 띄워보자.

뜨겁게 가슴 뛰게 ::졸업식 뒤풀이

한비야 씨가 소말리아 난민촌에 갔는데 어떤 의사가 너무 즐거운 표정으로 일하고 있더랍니다. 그래서 한비야 씨가 물어봤대요. 돈도 못 벌고 일도 힘든데 왜 여기서 일하냐고요. 그랬더니 그 의사가 이렇게 대답했다고 합니다.

"이 일이 제 가슴을 뛰게 하기 때문이죠."

제가 여러분에게 바라는 것도 하나입니다. 누군가 여러분에게 왜 그 일을 하냐고 물었을 때 1초의 망설임도 없이 '내 가슴을 뛰게 하기 때문'이라고 말하는 거죠. 졸업은 가슴 뛰는 출발입니다. 자, 출발합시다. 제가 '뜨겁게'라고 선창하면 여러분은 '가슴 뛰게'라고 크게 외쳐주시기 바랍니다.

뜨겁게 가슴 뛰게

제자나 후배에게 해주는 건배사다. 당부와 격려의 메시지가 전해질 수 있도록 말해보자.

부지런히 연락하자 ::졸업식 뒤풀이

여러분 핸드폰에는 몇 개의 번호가 저장돼 있습니까? 제 폰에는 800개 정도의 번호가 있습니다. 그런데 그중에 연락하는 사람이 절반도 안 되더군요. 사람이 사람을 잃는 가장 큰 이유는 불화나 오해가 아니라고 합니다. 나태함 때문이지요.

그동안 ○○아카데미를 함께 다니면서 쌓은 소중한 인연을 게으름 때문에 잃어버리기는 너무 아깝지 않습니까? 우리 모두 졸업 이후에도 부지런히 연락하면서 평생을 함께 가는 소중한 길동무가 됩시다. 그럴 자신 있으시죠? 그런 의미에서 제가 '부지런히'라고 선창하면 여러분이 '연락하자'라고 화답해주십시오.

부지런히 연락하자

때로는 거창한 말보다는 일상적으로 쓰는 말을 선후창으로 하는 것이 귀에 쏙 들어오면서도 효과적이다. '친구야 연락해'처럼 일상적인 말로 선후창을 외쳐보자.

주원이가 돌아왔다 오빠가 돌아왔다

::제대 축하연

여러분은 믿기 어렵겠지만 주원이가 원래는 한덩치 했던 놈입니다. 덕분에 고등학교 때 어깨 좀 펴고 다녔었죠. 그런데 군대에 가더니 변하기 시작하더라고요. 휴가를 나올 때마다 살이 조금씩 빠지더니, 말년 휴가 때는 아예 모델이 돼서 나타난 겁니다.

사람은 떠날 때보다 돌아올 때가 멋있어야 진짜 멋있는 거 아닙니까? 자, 이제 우리의 주원이가 돌아왔습니다. 주원이의 제대를 축하하면서 제가 '주원이가'라고 외치면 다 함께 '돌아왔다', 다시 제가 '오빠가'라고 선창하면 다 함께 '돌아왔다'라고 큰 소리로 화답해주세요.

주원이가 **돌아왔다** 오빠가 **돌아왔다**

제대 축하연에선 '돌아왔다'가 핵심이다. 모임 주인공의 기분이 좋아지도록 뜨겁게 환영하는 분위기를 연출해보자.

찰랑찰랑, 찰랑대네.
잔에 담긴 위스키처럼.
그 모습이 찰랑대네,
사랑이란 한 잔 술이던가.

—이자연 「찰랑찰랑」

약속을 지켜라 ::취직 축하연

주원이가 늘 입버릇처럼 하던 말이 있었죠.
"야, 내가 취직하면 갚을게."
밥을 먹어도, 술을 먹어도, 하다못해 동창회를 가도 주원이는 늘 이렇게 말했습니다.
"내가 취직하면 다 갚는다니까!"
이 한마디에 우리가 그동안 주원이에게 뜯긴 돈이 얼마입니까? 하지만 이제 고생 끝 행복 시작입니다. 앞으로는 주원이에게 얻어먹을 일만 남았습니다.
오늘은 배가 터질 때까지 무조건 먹고 마시고 죽는 겁니다. 자신 있으시죠? 자, 그럼 다 함께 주원이를 향해 외쳐봅시다. 제가 '약속을'이라고 말하면 다 함께 '지켜라'라고 외쳐주십시오.

약속을 지켜라

친구의 독특한 말투나 표정을 흉내 내면서 말해야 분위기를 띄울 수 있다. 넉살은 필수다.

이러는 거 아니야 살살 해라

::승진 축하연

주변에 보면 재미있게 일하는 사람들이 있잖아요. 제 친구 주원이가 바로 그렇습니다. 우리는 어쩔 수 없이 야근하고 주말에 출근한다는 건 있을 수 없는 일이잖아요. 그런데 주원이는 본인이 즐거워서 야근은 물론이고 주말에 출근하는 범죄까지 저질렀답니다.

그러더니 글쎄 벌써 과장님으로 승진하더라고요. 다른 친구들은 아직 대리밖에 안 되는데 말이죠. 독종 중의 독종 주원이를 위해 이 말을 해주고 싶습니다. 이제는 좀 살살 살라고요. 다른 사람 기죽습니다. 그런 의미에서 제가 '이러는 거 아니야'라고 외치면 여러분은 '살살 해라'라고 외쳐주시기 바랍니다.

이러는 거 아니야 살살 해라

승진 축하연에는 승진에서 탈락한 사람도 있는 법이다. 너무 축하 분위기로 가면 자칫 어색해질 수 있다. 승진한 사람을 약간 끌어내리면서 다 함께 축하해주는 분위기를 만들어보자.

김주원 포에버 ::개업식

미국의 유명한 컨트리 가수인 윌리 넬슨이 이런 말을 했습니다.
"나에게 주어진 축복이 얼마나 많은지 세어보는 순간부터 인생이 달라진다."
그래서 실은 아까부터 얼마나 많은 분들이 오셨나 세어봤습니다. 그랬더니 108분이나 와주셨더군요. 여러분 덕택에 제 친구 주원이가 108개의 뜨거운 축복 속에서 사장님으로 새로운 인생을 살게 된 겁니다.
앞으로 주원이가 사장님으로 롱런할 수 있도록 다 함께 구호를 외쳐봤으면 좋겠습니다. 제가 '김주원'이라고 선창하면, 모두 함께 '포에버(Forever)'라고 외쳐주세요. 바로 시작합니다.

김주원 포에버

혹시 개업식에 온 사람이 너무 적다면 '300명은 이미 어제 와서 선물을 주고 갔다'는 식으로 분위기를 끌어올려 보자.

무조건 대박 ::개업식

이 친구가 저보다 뛰어난 게 세 가지 있습니다. 첫째, 저보다 키가 큽니다. 무려 2.5센티미터나 큽니다. 둘째, 얼굴이 잘생겼습니다. 저도 어디 가면 정우성 닮았다는 말 많이 듣는데, 이 친구는 별명이 브래드 피트입니다. 셋째, 오지랖이 넓습니다.
제가 동네에서 작은 식당을 하는데 힘든 게 정말 많거든요. 그런데 이 친구는 프랜차이즈 사업을 시작해서 전국에 10개가 넘는 가맹점을 세우더니, 오늘 또 새로운 브랜드를 론칭했네요. 배가 조금 아프지만 이 친구라면 새로운 사업도 반드시 성공시킬 수 있을 겁니다. 지금부터 제가 '무조건'이라고 외치면 여러분께서 '대박'이라고 힘차게 소리쳐주시기 바랍니다.

무조건 **대박**

친구가 시작한 사업의 특성과 친구의 장점을 연결해서 강조해주면 좋다.

요리는 너의 인생 ::개업식

'천재는 노력하는 사람을 이길 수 없고, 노력하는 사람은 즐기는 사람을 이길 수 없다'는 말이 있죠. 제가 보기엔 그 유명한 요리사 제이미 올리버라도 제 친구 라임이를 이길 수 없을 겁니다.
먹는 걸 어찌나 좋아하는지, 소개팅을 나가서도 남자는 안중에도 없고 어떤 음식을 먹느냐에 목숨을 걸거든요. 맛집도 얼마나 많이 돌아다녔는지, 어느 집에서 어떤 음식을 먹어도 레시피를 기가 막히게 알아내요. 이건 뭐, 거의 신의 경지라고 할 수밖에 없는 거죠.
오늘 라임이가 드디어 꿈에 그리던 레스토랑을 열었는데요, 요리를 즐기는 만큼 사업도 번창했으면 좋겠습니다. 제가 '요리는'이라고 외치면 다 함께 '너의 인생'이라고 외쳐주시기 바랍니다.

요리는 너의 인생

선창은 '요리' 대신 친구가 시작한 사업으로 바꿔보자.

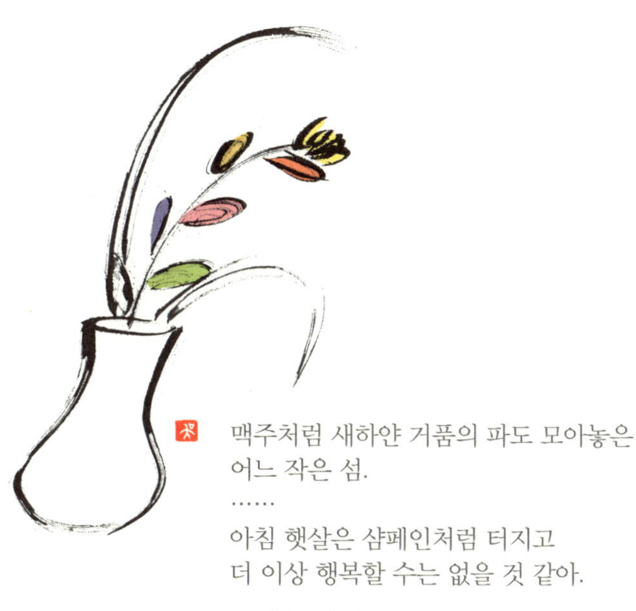

맥주처럼 새하얀 거품의 파도 모아놓은
어느 작은 섬.
……
아침 햇살은 샴페인처럼 터지고
더 이상 행복할 수는 없을 것 같아.

–쿨 「맥주와 땅콩」

당연히 베스트셀러 ::출판기념회

'뿌린 만큼 거둔다'는 말은 1,000년이 지나도 변하지 않는 진리죠. 하루 3시간, 571일, 999권. 주원이가 이 책이 나오기까지 뿌린 씨앗입니다. 999권 이상의 자료를 읽으면서 준비했고요, 571일 동안 고민했다고 합니다. 그리고 하루에 3시간 이상 자지 않으면서 이 글을 썼다고 합니다.

주원이는 이제 씨앗을 뿌린 만큼 열매를 거둘 수 있을 것 같습니다. 이 책은 분명 베스트셀러가 될 거라고 믿습니다. 제가 '당연히'라고 선창하면 모두 함께 '베스트셀러'라고 화답해주세요.

당연히 베스트셀러

모임 주인공이 성공한 이유 세 가지를 씨앗 에피소드와 잘 연결해보자. 상대가 어떤 노력을 했는지 잘 관찰하면 감동적인 건배사를 연출할 수 있다.

넌 역시 대단해 ::수상 축하연

천재 과학자 아인슈타인이 이런 말을 했습니다.
"나는 머리가 좋은 것이 아니다. 문제가 있을 때 남들보다 좀 더 오래 생각할 뿐이다."
우리 주변에도 이런 사람이 있죠. 바로 길라임 씨입니다. 우리들이 보기엔 놀랄 정도로 아이디어가 넘치는 사람인데, 정작 본인은 평범한 사람이라고 우기거든요.
이번에 라임씨가 공모전에서 대상을 받았습니다. 당연한 결과라고 생각합니다. 타고난 실력에 자만하지 않고 겸손하게 노력하는 라임 씨가 아니면 누가 대상을 받겠습니까? 여러분도 그렇게 생각하시죠? 그런 의미에서 제가 '넌 역시'라고 외치면 다 함께 '대단해'라고 큰 목소리로 외쳐주시기 바랍니다.

넌 역시 **대단해**

너무 잘나면 사람들이 질투할 수 있다. 아인슈타인의 말을 인용해서 모임 주인공을 띄워주면서도 그의 겸손한 면을 부각시키면 모두가 행복한 건배사를 할 수 있다.

보스를 지켜라 ::당선 축하연

아름다운 밤입니다. 수많은 어려움 속에서도 값진 승리를 거둔 우리 모두에게 감사와 축하의 인사를 전하고 싶습니다. 그러나 자축의 시간은 짧을수록 좋다고 했죠.
우리의 역할은 이제부터가 시작입니다. 우리의 보스가 훌륭한 정치를 펼칠 수 있도록 안팎으로 성실하게 보좌하고, 그 어떤 구설수 없이 성공적으로 임기를 마칠 수 있도록 지원하는 것이 우리의 가장 중요한 임무이기 때문입니다.
오늘의 성공에 자축하지 말고, 끝까지 우리의 보스를 지켜드립시다. 제가 '보스를'이라고 외치면 다 함께 '지켜라'라고 소리쳐주시기 바랍니다.

보스를 지켜라

대표적인 빅토리 스피치다. 결의에 찬 듯, 희망의 메시지를 담아서 웅변 스타일로 해보자.

격려

취업 준비생 위로연

입대 위로연

해외 유학 환송회

실연 위로연 | 실직 위로연

될 때까지 끝까지 ::취업 준비생 위로연

인디언들이 기우제를 지내면 반드시 비가 내렸다고 합니다. 비결이 뭔지 아세요? 그건 바로 비가 올 때까지 기우제를 지냈기 때문입니다.

자, 여러분도 취업에 성공하는 비결이 뭔지 아시겠죠? 취업이 될 때까지 도전하는 겁니다. 될 때까지, 끝까지 해냅시다. 제가 '될 때까지'라고 외치면 여러분이 '끝까지'라고 소리쳐주시기 바랍니다.

될 때까지 끝까지

주먹을 불끈 쥔다거나 목소리 톤을 올리는 제스처를 통해 상대방이 용기를 가질 수 있도록 연출해보자.

또 나왔냐 벌써 나왔냐 ::입대 위로연

제가 휴가 나왔을 때 제일 많이 들은 말이 뭔지 아십니까?
"또 나왔냐?"
제대하고 나서 제일 많이 들은 말도 이겁니다.
"벌써 나왔냐?"
지금은 2년이란 시간이 긴 것 같지만, 금방 지나갑니다. 걱정 말고 2년 뒤에 건강한 모습으로 돌아왔으면 좋겠습니다. 그런 의미에서 제가 '또 나왔냐'라고 외치면 여러분이 '벌써 나왔냐'라고 화답해주시기 바랍니다.

또 나왔냐 벌써 나왔냐

코믹 버전의 건배사다. 최대한 익살스럽게 해서 군대 가는 사람의 부담을 덜어주자.

파리를 정복해라 ::해외 유학 환송회

제가 라임이와 중학교 때부터 동창인데요, 그때부터 매일 지겹도록 들은 말이 있습니다. 스무 살이 되면 무조건 프랑스 파리로 유학을 떠나겠다는 거였죠. 그런데 지금 라임이가 몇 살인지 아십니까? 서른입니다. 무려 십 년이나 지나버린 겁니다.
하지만 라임이는 절대 포기하질 않더군요. 먹을 거 안 먹고 입을 거 안 입고 악착같이 돈을 모으더니 결국은 며칠 후에 파리로 유학을 떠난다고 합니다. 그동안 나이 서른에 파리 유학이 웬 말이냐며 구박하던 제 자신이 너무 부끄러워지네요. 그래서 오늘만은 라임이에게 이 말을 꼭 해주고 싶습니다. 제가 '파리를'이라고 말하면 모두 함께 '정복해라'라고 소리쳐주시기 바랍니다.

파리를 정복해라

모임 주인공과 관련된 사연은 친구에게 수다 떨듯 조곤조곤 말하자.

너 때문에 못하던 술을 해.
관심 없던 노랫말이 들려.
잊고 싶어 술을 마시고, 술 마시면 또 보고 싶어.

–이승기 「사랑이 술을 가르쳐」

사랑은 또 온다 ::실연 위로연

"울지 마라. 외로우니까 사람이다. 살아간다는 것은 외로움을 견디는 일이다. 눈이 오면 눈길을 걸어가고, 비가 오면 빗길을 걸어가라." 정호승 시인의 「수선화」란 시인데요, 저는 마음이 울적할 때마다 이 시를 떠올리곤 합니다. 그러면 왠지 마음이 편안해지더라고요. 오늘은 제 친구 주원이에게 이 시가 필요할 것 같습니다.
"주원아, 울지 마라. 이 형님은 벌써 5년째 밤마다 외로움을 견디고 있다." 얼굴 표정을 보아하니 이 정도론 위로가 안 되는 모양입니다. 여러분께서 저를 도와주셔야겠습니다. 제가 '사랑은'이라고 외치면 다 함께 '또 온다'라고 소리 질러주시기 바랍니다.

사랑은 또 온다

시낭송을 얼마나 멋들어지게 하느냐가 이 건배사의 핵심이다. 10번 정도는 연습해서 드라마틱한 분위기를 연출해보자.

솔개처럼 날아라 ::실직 위로연

솔개의 수명은 70년이라고 합니다. 그런데 솔개가 70까지 살려면 나이 마흔에 선택을 해야 한대요. 낡은 부리를 바위에 쪼아 깨고, 발톱을 빼고, 깃털까지 모두 뽑아야 하는 거죠. 이런 혹독한 변화를 선택한 솔개만이 70까지 살 수 있는 겁니다.
오늘 제 친구 주원이도 어려운 선택을 했습니다. 회사를 그만둔 거죠. 나이 마흔에 용기 있는 선택을 한 주원이가 혹독한 어려움을 견디고 힘차게 날아오를 수 있도록 여기 계신 분들이 힘을 모아주셨으면 좋겠습니다. 제가 '솔개처럼'이라고 외치면 다 함께 '날아라'라고 외쳐주세요.

솔개처럼 날아라

'쪼아 깨고, 발톱을 빼고, 깃털까지 모두 뽑아야'라고 말할 때 마치 수화를 하듯이 손으로 퍼포먼스를 하면 훨씬 극적인 분위기를 연출할 수 있다.

여유를 즐겨라 ::실직 위로연

목적지까지 가는 방법은 둘 중 하나입니다. 한 번에 가는 직행 버스를 타거나, 환승역에 내려 여러 번 갈아타는 겁니다. 직행버스는 편하지만 심심합니다. 환승역에 내리는 건 귀찮지만 지루할 틈이 없죠. 오늘은 라임이가 환승역에 내린 날입니다. 누구도 예상하지 못했던 일이지만, 저는 오히려 행운이 될 수도 있다고 생각합니다.
라임이가 평소에 작은 카페를 해보고 싶다는 말을 자주 했었는데, 엎어진 김에 쉬어간다고, 이번 기회에 사장님으로 대변신을 해볼 수도 있을 테니까요. 그런 의미에서 다 함께 라임이를 향해 외쳐봤으면 좋겠습니다. 제가 '여유를'이라고 외치면 여러분께서 '즐겨라'라고 소리쳐주시기 바랍니다.

여유를 즐겨라

최대한 밝은 목소리로 말하자. 그래야 희망의 메시지를 전달할 수 있다.

친목

동문회 | 동창회

동호회 | 골프 모임

부부 모임

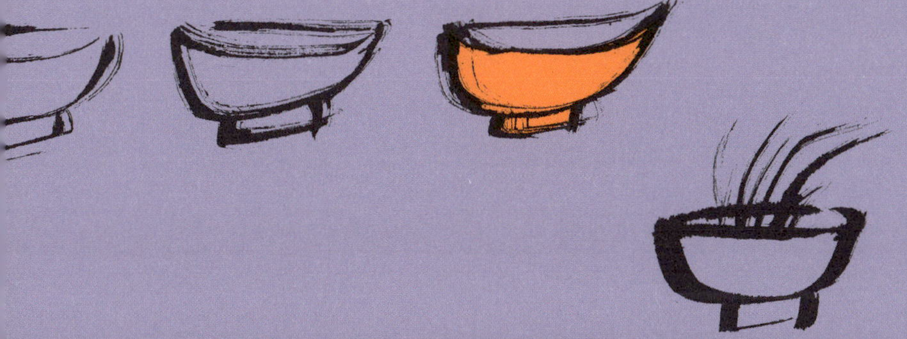

향기에 취하자 ::동문회

이런 말이 있습니다.
"나쁜 사람과 어울리면 오랫동안 생선시장에 있었던 것처럼 악취가 나지만, 훌륭한 사람과 가까이 지내면 마치 꽃이 가득한 방에 있는 것처럼 좋은 향기가 절로 난다."
여러분, 지금 어디선가 꽃향기가 나는 것 같지 않습니까? 바로 여러분에게서 나는 향기입니다. 오늘은 술이 아니라 여러분의 향기에 취할 것 같네요. 우리 앞으로도 서로에게 훌륭한 사람이 되어주자는 의미에서 건배를 했으면 좋겠습니다. 모두 잔을 들어주시고요, 제가 '향기에'라고 외치면 여러분께서 '취하자'라고 화답해주시기 바랍니다.

향기에 취하자

유명한 말을 인용할 때는 운율을 넣어서 또박또박 말해야 듣는 사람이 제대로 이해할 수 있다.

우리 우정 변치 말자 ::동창회

'옛 친구 하나가 새 친구 둘보다 낫다'는 말이 있죠. 저는 이 말을 동창회 모임에 올 때마다 느낍니다. 저도 회사생활을 하면서 제법 많은 친구들을 만났지만, 어릴 때 동무만한 친구가 없더라고요.

가족들조차 모르는 내 어릴 때 모습을 훤히 알고 있고, 옛날 얘기에 시간 가는 줄 모르고 웃고 떠들 수 있는 친구가 동창들 말고 또 누가 있겠습니까? 여러분도 그렇죠? 그런 의미에서 제가 '우리 우정'이라고 외치면 다 함께 '변치 말자'라고 외쳐주시기 바랍니다.

우리 우정 변치 말자

오랫동안 알고 지낸 친구들과의 모임에서 다양하게 활용해보자.

우리가 이긴다 ::동호회

브라질의 축구영웅 펠레는 이렇게 말했습니다.
"우리가 축구를 통해 배울 수 있는 가장 위대한 교훈은 마지막 휘슬이 울릴 때까지 게임은 끝나지 않는다는 것이다."
내일은 우리에게 중요한 시합이 있는 날입니다. 여러분도 알다시피 상대는 만만치 않은 팀이죠. 하지만 게임의 승패는 마지막 휘슬이 울려봐야 아는 법입니다.
기죽지 말고 똘똘 뭉쳐서 본때를 보여줍시다. 자, 모두 전투적으로 잔을 들어주십시오. 그리고 목청이 터지도록 외쳐봅시다. 제가 '우리가'라고 외치면 모두 함께 '이긴다'라고 소리쳐주세요.

우리가 이긴다

따옴표 안의 말을 최대한 웅장하게 해보자.

마음을 펼치자 ::동호회

오늘 모임에 많은 분들이 참석해주셨는데요, 특히 새로운 얼굴이 많이 보이는 것 같습니다. 아마 암벽등반도 그렇고, 모두 처음 만나는 사람들이어서 많이 낯설고 긴장도 하셨을 겁니다. 하지만 걱정하지 마세요. 절대 해치지 않아요. 이 사람들이 얼굴은 좀 거칠어도 마음만은 비단결처럼 곱거든요.
여러분, 마음과 낙하산의 공통점이 뭔지 아십니까? 그건 바로 펼치지 않으면 아무 소용이 없다는 겁니다. 오늘은 서로에게 마음을 펼치는 아름다운 날이 됐으면 좋겠습니다. 제가 '마음을'이라고 외치면 다 함께 '펼치자'라고 외쳐주시기 바랍니다.

마음을 펼치자

새로운 회원이 모인 자리에서 적극 활용해보자.

무조건 나이스 샷 ::골프 모임

기자가 최경주 선수에게 물어봤습니다.
"골프를 잘하는 비결이 뭔가요?"
그랬더니 최경주 선수가 이런 말을 했다고 합니다.
"오늘 1,000개를 때리겠다고 생각하면 반드시 1,000개를 때려야 합니다. 오늘 999개를 때리고 내일 1,001개를 때리겠다고 생각하는 순간 저는 집니다."
역시 골프는 연습하는 자를 당해낼 수가 없습니다. 오늘 이 자리에는 연습을 많이 하신 분들도 계시고, 연습하는 마음으로 나오신 분들도 계실 겁니다.
우리 모두에게 오늘은 기분 좋은 날입니다. 푸른 잔디를 즐기시고, 맑은 공기도 즐기시고, 동반자와 대화도 즐기십시오. 공이 맞건 안 맞건 무조건 즐깁시다. 제가 '무조건'이라고 선창하면 여러분은 '나이스 샷'이라고 화답해주시기 바랍니다.

무조건 나이스 샷

숫자가 등장하는 건배사는 숫자를 말할 때 강조해서 말해야 제대로 이해시킬 수 있다.

겨울밤 막다른 골목길 포장마차에서
빈 호주머니를 털털털 털어
나는 몇 번이나 인생에게 술을 사주었으나
인생은 나를 위하여 단 한 번도 술 한 잔 사주지 않았다.

–안치환 「인생은 나에게 술 한 잔 사주지 않았다」

우리는 금상첨화 ::골프 모임

골프에도 사자성어가 있답니다. 폼도 좋고 스코어도 좋으면 '금상첨화', 폼은 좋은데 스코어가 나쁘면 '유명무실', 폼은 나빠도 스코어가 좋으면 '천만다행', 폼도 나쁘고 스코어도 나쁘면 '설상가상'이라고 합니다. 저는 오늘 천만다행이었네요.

여러분은 어떠셨나요? 아마 폼도 스코어도 저마다 달랐을 겁니다. 하지만 하나는 똑같았죠. 바로 골프를 사랑하는 마음입니다. 골프를 사랑하는 사람들이 모인 이 자리는 승패에 관계없이 모두가 금상첨화가 아닐까 합니다. 여러분도 그렇게 생각하시죠? 그럼 제가 '우리는'이라고 외치면 모두 함께 '금상첨화'라고 외쳐주시기 바랍니다.

우리는 금상첨화

사자성어 순서가 바뀌지 않게 정확하게 외워서 말하자.

당신이 명품이야 ::부부 모임

며칠 전 아내가 슬쩍 명품가방 얘기를 꺼내더군요. 남들은 다 있는 명품가방이 자기만 없다고요. 그래서 제가 그랬죠.

"당신이 명품인데 그깟 명품이 뭐가 필요해?"

이 정도면 저의 아부도 명품 아닙니까? 명품의 조건은 뭐니 뭐니 해도 오래 쓸수록 빛이 나는 것입니다.

오늘 이 자리에는 명품만 오셨습니다. 왜냐고요? 다들 20년 이상 서로를 빛내왔으니까요. 자, 그럼 이제 모두 잔을 들어주십시오. 제가 '당신이'라고 외치면 남편 분들은 아내 분을 사랑스럽게 바라보면서 '명품이야'라고 외쳐주시면 됩니다.

당신이 명품이야

최대한 닭살 떨면서 말해야 분위기를 띄울 수 있다.

플러스로 사랑하자 ::부부 모임

어릴 때 자석놀이 해보셨죠? 마이너스 극에 똑같은 마이너스 극을 갖다 대면 서로 멀리 도망가잖아요. 반대로 마이너스 극에 플러스 극을 대면 서로 달려가서 척하고 붙어버리죠.
부부 사이도 그런 것 같습니다. 회사에서 안 좋은 일이 있었는데 아내가 잔소리를 하면 도망가고 싶잖아요. 그런데 위로해주고 꼭 안아주면 아내에 대한 사랑이 넘쳐흐르게 되죠.
그래서 이런 생각을 해봤습니다. 부부 사이에 필요한 건 반대와 질책의 마이너스가 아니라, 칭찬과 사랑의 플러스라고요. 그런 의미에서 이런 구호를 외쳐보면 어떨까 합니다. 제가 '플러스로'라고 외치면 모두 함께 '사랑하자'라고 소리쳐주세요. 그럼 바로 해볼까요?

플러스로 사랑하자

자석이 붙거나 떨어지는 모습을 몸으로 표현해주면 사람들의 집중을 모을 수 있다.

사랑의 평수를 넓히자 ::부부 모임

사랑에도 평수가 있다고 합니다. 1평짜리 사랑은 작은 것도 챙겨주니 안정을 느낍니다. 하지만 시간이 지날수록 너무 좁아서 답답함을 느끼게 되죠. 100평짜리 사랑은 어떨까요? 처음엔 무뚝뚝해서 과연 나를 사랑하는지 의심이 듭니다. 하지만 나의 단점까지 받아주는 그 깊고 넓음에 푹 빠져들게 됩니다. 이 자리에 많은 부부들이 계신데요, 지금 속으로 뜨끔하신 분들도 제법 많으실 겁니다.
하지만 우리 걱정하지 맙시다. 집은 마음대로 못 늘리지만, 사랑의 평수는 얼마든지 키울 수 있으니까요. 생각만 해도 기분이 좋아지지 않나요? 그럼 제가 '사랑의 평수를'이라고 외치면 여러분께서 '넓히자'라고 큰 목소리로 외쳐주시기 바랍니다.

사랑의 평수를 넓히자

최대한 유머러스하게 말해보자. 화기애애한 분위기를 연출할 수 있을 것이다.

Part 3

마이더스 건배사

Stay hungry Stay foolish

::만능

얼마 전 세상을 떠난 스티브 잡스는 스탠퍼드 대학 연설에서 이런 말을 남겼습니다.

"Stay hungry Stay foolish."

여러분, 아직 배가 고프십니까? 채워지지 않는 허기가 느껴지나요? 스스로 바보 같다고 느끼십니까? 남들이 다 가는 길을 거부하는 자신이 멍청하게 생각되나요? 그렇다면 여러분은 지금 제대로 살고 있는 것입니다. 인간을 가르치는 것은 언제나 풍요가 아닌 결핍입니다. 스티브 잡스가 죽는 순간까지 혁신을 멈추지 않았던 것은 늘 창조에 목말라했고, 바보 같을 정도로 우직했기 때문입니다. 한 번뿐인 삶, 여러분도 스티브 잡스처럼 멋지게 살아가시길 바라면서 제가 'Stay'를 외치면 여러분은 'hungry', 제가 다시 한 번 'Stay'를 외치면 여러분은 'foolish'로 화답해주십시오.

Stay hungry Stay foolish

영어로 구호를 외치자고 하면 사람들이 어색해할 수 있다. 한두 번 정도 연습해보는 것도 좋은 방법이다.

그대가 있어 행복합니다 ::만능

여러분은 행복이 뭐라고 생각하시나요? 제가 얼마 전에 책을 한 권 읽었는데요, 행복의 의미가 몹시 궁금했던 에릭 와이너라는 사람이 전 세계를 여행한 후 펴낸『행복의 지도』라는 책입니다.
이 책은 행복을 이렇게 정의하더군요. 행복은 명사도 아니고, 동사도 아니고, 접속사라고요. 다시 말해 행복은 어떤 물건이나 행동이 아니라, 사람과 사람 사이의 관계 속에 있다는 겁니다.
여러분도 공감하시나요? 그렇다면 모두 옆 사람과 손을 잡아주십시오. 어때요. 따뜻한 행복이 느껴지시나요? 그럼 이번엔 잔을 들고 힘차게 외쳐봅시다. 제가 '그대가 있어'라고 외치면 모두가 '행복합니다'라고 외치는 겁니다. 자, 그럼 한번 해볼까요?

그대가 있어 행복합니다

옆 사람과 손을 잡을 수 있게 분위기를 최대한 유도하자.

오늘을 사랑하자 ::만능

인생에서 가장 중요한 날은 언제일까요? 바로 오늘입니다. 오늘이 30번 모여 한 달이 되고, 365번 모여 1년이 되고, 3만 번이 모여 일생이 되는 거죠. 그래서 사람은 누구나 오늘만 사는 겁니다. 어제의 미련을 담아둘 필요도 없고, 오지도 않은 내일을 걱정할 필요도 없는 거죠.
그렇다면 인생에서 가장 소중한 사람은 누구일까요? 바로 이 순간, 당신 곁에 있는 사람입니다. 옆 사람의 얼굴을 보며 미소를 지어주세요. 그럼 인생에서 가장 중요한 지금 이 순간, 가장 소중한 사람들과 함께 건배하겠습니다. 제가 '오늘을'이라고 외치면 여러분은 '사랑하자'라고 외쳐주세요.

오늘을 사랑하자

서로 미소를 짓게 해서 분위기를 따뜻하게 만드는 것이 핵심이다.

단점을 사랑하자 ::만능

누구나 장단점이 있죠. 대부분의 사람들은 자신의 장점은 밖으로 드러내고, 단점은 아무도 모르게 감추고 싶어 합니다. 그런데 막상 사람들이 장점이라고 말하는 것을 듣다 보면 단점으로 여겨지는 경우가 많아요. 객관적으로 보면 장점이겠지만 감정적으론 자랑이나 교만으로 보이거든요. 오히려 그토록 숨기고 싶어 하는 단점에 인간적인 매력이 가득하답니다.

사람들은 상대의 부족한 점을 보면 그를 더 가깝게 느끼게 되고, 자신이 채워주고 싶다는 마음이 생기거든요. 단점은 절대 부끄러운 게 아닙니다. 장점을 자랑하는 게 오히려 부끄러운 행동이죠. 그런 의미에서 다 함께 이렇게 외쳐봤으면 좋겠습니다. 제가 '단점을'이라고 외치면 여러분이 '사랑하자'라고 소리쳐주시는 겁니다. 어때요, 쉽죠? 자, 그럼 이제 시작합니다.

단점을 사랑하자

장점과 단점에 대해 자신이 겪은 에피소드를 함께 이야기하면 더 효과적이다.

행복아 커져라 ::만능

한때 '부자 되세요'가 최고의 덕담으로 유행한 적이 있었습니다. '부자 돼라'는 말은 듣기만 해도 기분이 좋아지는 말이죠. 그런데 요즘처럼 돈보다 마음이 더 가난한 시대에는 새로운 덕담이 필요한 것 같습니다. 바로 '행복하세요'라고 말해주는 겁니다.

링컨이 이런 말을 했다죠.

"행복하기로 마음먹은 만큼 행복해진다."

우리가 서로에게 행복의 주문을 외워줄수록 행복의 크기도 점점 커지지 않을까요? 그런 의미에서 제가 '행복아'라고 외치면 모두 함께 '커져라'라고 외쳐주시기 바랍니다.

행복아 커져라

잔을 높이 들면서 '커져라'를 외치면 더욱 분위기를 띄울 수 있다.

약점을 강점으로 ::만능

제 좌우명이 '약점을 강점으로 만들자'입니다. 가장 곧고 잘생긴 나무가 가장 먼저 서까랫감으로 쓰이고, 그다음 못생긴 나무가 기둥감으로 쓰이고, 가장 못생긴 나무는 잘리더라도 대들보로 쓰입니다. 가장 못생긴 부분이 끝까지 남아서 나를 지키는 대들보가 될 수 있다는 것이죠. 그래서 저는 저의 가장 약한 부분을 사랑하고 감추기보다는 드러내고 싶습니다. 여러분도 자신의 약점을 자신을 지키는 대들보로 만드시길 바라며 제가 '약점을'이라고 외치면 여러분은 '강점으로'라고 외쳐주세요.

약점을 **강점으로**

자신의 좌우명과 잘 어울리는 이야기를 활용하면 좋다.

참자 베풀자 즐기자 ::만능

죽어가는 사람들을 보살펴주는 호스피스들에 따르면 사람은 죽어가면서 마지막으로 세 가지를 후회한다고 합니다. 그때 좀 참을 걸, 그때 좀 베풀 걸, 그때 좀 재미있게 살 걸. 임종하는 순간에 좀 더 일할 걸 하고 후회하는 사람은 아무도 없다고 합니다.

우리도 흙으로 돌아가는 그 순간, 후회를 가장 적게 하기 위해서 이 세 가지를 지금부터 많이 연습해보면 어떨까요? 제가 '조금 더'를 외칠 때마다 여러분은 '참자' '베풀자' '즐기자'를 함께 외쳐주시기 바랍니다.

조금 더 참자 조금 더 베풀자 조금 더 즐기자

선후창을 외칠 때마다 점층법으로 점점 크게 외치도록 유도해보자.

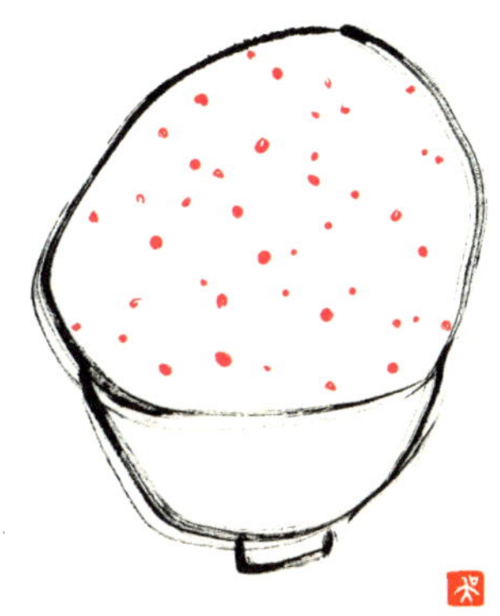

비가 와서 한 잔.
눈이 와서 한 잔.
친구 만나 한 잔.
애인 만나 한 잔.
……
너도 한 잔, 나도 한 잔.
기분 좋아 같이 한 잔.

—이남이 「술」

당신이 희망이다 ::만능

누군가 이런 말을 했습니다. 어제는 부도난 수표이고, 내일은 약속어음이며, 오늘은 준비된 현금이다. 여러분, 부도난 수표 싫으시죠? 누가 약속어음 준다고 하면 '그거 돈으로 주지……' 하는 생각이 드시죠? 맞습니다. 뭐니 뭐니 해도 현금이 확실합니다. 오늘을 제대로 쓰는 것이 남는 장사라는 것이죠. 오늘 내가 하고 있는 일, 오늘 만나는 사람이 어제의 추억이 되고 미래의 희망이 됩니다.
자, 지금 이 순간 옆에 있는 사람을 바라봐주십시오. 오늘 만나고 있는 이분들이야말로 내일의 희망이자 꿈의 파트너가 되실 분들입니다. 자, 제가 '당신이'라고 외치면 여러분은 서로를 바라보며 '희망이다'라고 외쳐주십시오.

당신이 희망이다

마치 MC가 된 것처럼 사람들이 서로의 얼굴을 보도록 유도해보자.

다 같이 하하하 ::만능

한국 사람이 하루에 평균 얼마나 웃는지 아십니까? 하루에 달랑 90초입니다. 일생을 80년이라고 가정하면 평생 30일 동안만 웃는다고 합니다. 반면에 걱정하는 시간은 하루 평균 3시간 6분. 80년으로 환산하면 10년은 근심만 하고 살아간다는 얘기죠. 얼마나 우리 인생이 불행합니까?

웃음은 하늘로부터 온 선물입니다. 스트레스 해소에 가장 좋은 치료제이자 천연 암치료제예요. 더 이상 선물을 방치하지 말고 많이 많이 받으세요. 그러려면 어떻게 해야 할까요? 하하하하 그냥 웃으시면 됩니다. 자, 모두 잔을 들어주세요. 제가 '다 같이'라고 외치면 여러분은 '하하하' 웃어주십시오.

다 같이 하하하

갑자기 웃으려면 어색하다. 선후창을 외치기 전에 미리 웃는 연습을 해보자.

인생은 고고 ::만능

오늘 이 자리에 가장 매력 있고 재능 있고 재치 있는 남자 분이 오실 예정이었습니다만, 불행히도 그분이 오실 수 없어서 대신 두 번째로 매력 있고 재능 있고 재치 있는 분을 소개합니다. 바로 접니다. 인정하실 수 없는 분들은 앞에 놓인 잔, 원샷 하셔도 좋습니다.

한 번 뿐인 인생, 다 자기 잘난 맛에 사는 겁니다. 언제나 자신감을 가지고, 어디서든 내가 최고다 이런 정신으로 뻔뻔하게 살아가셨으면 좋겠습니다. 그런 의미에서 제가 '인생은'이라고 외치면 여러분은 '고고'라고 크게 외쳐주시기 바랍니다.

인생은 고고

최대한 넉살 있게 해야 재미있는 건배사다. 사람들 눈치 보지 말고 뻔뻔하게 해보자.

그대에게 건배 ::만능

저는 박철 시인의 이 시를 참 좋아합니다.
"우리가 기쁜 일이 한두 가지겠냐마는 그중의 제일은 맑은 물 한 잔 마시는 일, 맑은 물 한 잔 따라주는 일, 그리고 당신의 얼굴을 바라보는 일."
저는 이 시를 오늘 이렇게 바꿔보고 싶습니다.
"우리가 기쁜 일이 한두 가지겠냐마는 그중의 제일은 맑은 술 한 잔 마시는 일, 맑은 술 한 잔 따라주는 일, 그리고 당신의 얼굴을 바라보는 일."
자, 모두 잔을 들어주십시오. 그리고 옆 사람을 그윽하게 바라봐주십시오. 제가 '그대에게'라고 외치면 여러분은 '건배'라고 외쳐주십시오.

그대에게 건배

낭만적으로 시를 읊는 것이 포인트다.

아이 러브 유 미 투 ::만능

한 시인은 이렇게 말했습니다.
"문득 아름다운 것과 마주쳤을 때 지금 곁에 있으면 얼마나 좋을까 하고 떠오르는 얼굴이 있다면 그대는 사랑하고 있는 것이다."
저는 오늘 사랑에 빠질 것 같습니다. 아름다운 가을 낙엽과 맛있는 와인을 볼 때마다 저는 누군가를 떠올릴 것 같습니다. 누굴까요? 바로 여러분입니다. 저에게 오늘 무한한 사랑을 베풀고 격려해준 여러분과 오랫동안 사랑에 빠지고 싶습니다. 여러분도 제 사랑을 받아주실 거죠? 자 그런 의미로 제가 '아이 러브 유'라고 외치면 여러분은 '미 투'라고 외쳐 주십시오.

아이 러브 유 미 투

모임 상황에 따라 가을 낙엽이나 와인 대신 다양한 단어를 응용해보자.

봄처럼 새로워라 ::봄

조병화 시인이 이런 시를 썼습니다.
"오, 해마다 봄이 되면 어린 시절 그분의 말씀 항상 봄처럼 새로워라. 나뭇가지에서, 물 위에서, 뚝에서 솟는 대지의 눈."
여러분은 어떠세요? 봄을 맞아 새로워지고 계십니까? 대지에 피어나는 새싹처럼 싱그럽게 다시 시작하자는 의미에서 모두 잔을 들어주십시오. 제가 '봄처럼'이라고 외치면 여러분은 '새로워라'라고 외쳐주세요.

봄처럼 새로워라

시는 완전히 외우고 운율을 타면서 최대한 자연스럽게 해야 한다.

여름처럼 뜨겁게 :: 여름

요즘에 엄청 더우시죠? 가만히 있어도 땀이 줄줄 나는 계절입니다. 해수욕장에 가서 반나절만 있으면 온몸이 새빨갛게 익어버리죠. 태양빛이라는 게 그 정도로 엄청난 에너지입니다. 그렇게 강한 여름의 햇빛은 많은 것을 무르익게 합니다. 사과도 빨갛게 익고, 벼도 노랗게 익고, 포도도 파랗게 영글게 합니다. 뜨겁고 강렬한 여름 없이는 그 어떤 생명도 무르익지 않습니다.

사람도 마찬가지죠. 뜨겁고 강렬한 열정이 있어야 능력도 내면도 아름답게 농익어갈 수 있습니다. 여러분 모두가 여름처럼 뜨겁게 살아가시길 바라며 제가 '여름처럼'이라고 외치면 여러분은 '뜨겁게'라고 외쳐주십시오.

여름처럼 뜨겁게

여름철 어느 모임에서나 쓸 수 있는 품격 있는 건배사다.

낙엽처럼 내려놓자 ::가을

낙엽이 지는 가을이 왔습니다. 바닥에 떨어진 노란 은행잎을 보면 왠지 서글프죠. 해놓은 것은 없는데 또 한 해가 가는구나. 이런 생각을 다들 한 번쯤 해보셨을 겁니다. 하지만 새봄에 새싹을 돋우기 위해서 나무는 가을이 되면 모든 것을 내려놓습니다.

우리 인생도 마찬가지죠. 올해 내가 저지른 실수, 실패, 누군가에게 받은 상처, 미련까지 남김없이 내려놓아야 새로운 인생의 봄을 맞이할 수 있습니다. 떨어지는 낙엽을 볼 때마다, 내가 내려놓아야 할 것은 무엇인가 생각하는 가을이 되시길 빌며 모두 잔을 들어주십시오. 제가 '낙엽처럼'이라고 외치면 여러분은 '내려놓자'라고 다 함께 외쳐주세요.

낙엽처럼 내려놓자

'낙엽처럼'을 외칠 때는 잔을 높이 올렸다가 후창 '내려놓자'를 외치면서 잔을 내려놓는 퍼포먼스를 연출해도 좋다.

온기를 나누자 :: 겨울

저는 겨울이 오면 마종기 시인의 「겨울기도」라는 시가 생각납니다. "하느님, 추워하며 살게 하소서. 이불이 얇은 자의 시린 마음을 잊지 않게 하시고 돌아갈 수 있는 몇 평의 방을 고마워하게 하소서."
따뜻한 집의 온기가 가장 고마운 계절, 겨울이 왔습니다. 하지만 우리 주변에는 겨울이 가장 혹독하고 힘든 이웃들이 있습니다. 추위는 몸뿐만 아니라 마음까지 시리게 만들죠. 이번 겨울에는 내 집의 온기뿐만 아니라 이웃들의 온기까지 함께 챙겨보면 어떨까요? 그런 의미에서 제가 '온기를'이라고 외치면 여러분은 함께 '나누자'라고 외쳐주시기 바랍니다.

온기를 나누자

최대한 진지한 모습으로 낭송해야 분위기를 화기애애하게 띄울 수 있다.

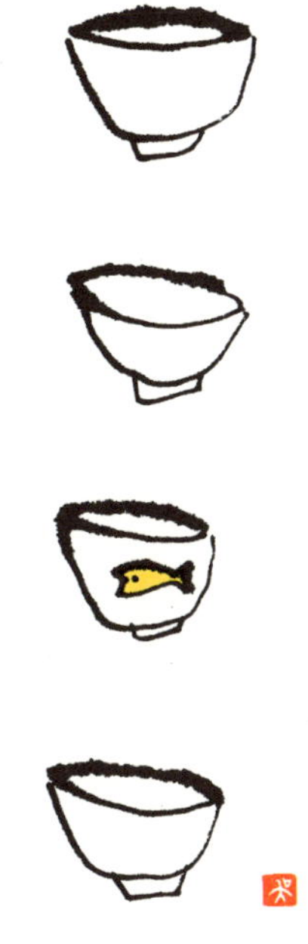

찡하는 첫 잔 술은 추억 위해.
두 번째 이 술잔은 내일 위해.
마지막 남은 술은 사랑하는 이 세상 모두를 위해.

–나훈아 「술이 부르는 노래」

나는 꽃씨다 ::20대

"인생에 관한 한, 우리는 지독한 근시다. 그래서 늦가을 고운 빛을 선사하는 국화는 되려 하지 않고, 다른 꽃들은 움도 틔우지 못한 초봄에 향기를 뽐내는 매화만 되려고 한다."

김난도 교수는 『아프니까 청춘이다』에서 이렇게 얘기했습니다. 여러분, 매화를 부러워하지 마십시오. 여러분은 지금 꽃씨입니다. 가을에 피는 국화일수도, 해바라기일수도 있습니다. 꽃에 따라 피는 시기와 향기가 다를 뿐 매화가 아니라고 슬퍼할 이유는 전혀 없습니다. 중요한 것은 내가 꽃씨라는 것을 믿는 겁니다. 내가 꽃씨라는 것을 믿지 않으면 나의 계절은 결코 오지 않습니다. 믿음을 갖고 자신을 가꾸어가는 청춘이 되시길 바라며 제가 '나는'이라고 외치면 여러분은 '꽃씨다'라고 힘껏 외쳐봅시다.

나는 꽃씨다

처음에 책에 있는 말을 하기 때문에 최대한 낭만적으로 표현해야 멋진 건배사가 될 수 있다.

가난한 게 정상이다 :: 30대

30대 여러분, 가난하십니까? 서른 넘으면 오피스텔 살 줄 알았는데 아직도 반지하 월세고, 연봉도 최소 5천만 원은 될 줄 알았는데 아직도 카드값 걱정하십니까? 괜찮아요. 그거 정상이에요. 직장생활 10년 해서 오피스텔 살고 명품 사는 사람들, 다 부모한테 빌린 겁니다.
부족해도, 조금 가난해도 그렇게 차근차근 쌓아나가야 자신에게도 당당하고 돈 버는 내공이 생기는 겁니다. 자신이 초라해보일수록 흔들리지 마세요. 우직하게 자신의 길을 걷다 보면 넉넉한 40대를 맞이하게 될 겁니다. 모두 그렇게 살아갈 자신 있으시죠? 그럼 잔을 들어주십시오. 제가 '가난한 게'라고 외치면 모두 '정상이다'라고 외쳐주세요.

가난한 게 **정상이다**

부드러운 목소리로 위로와 격려가 되도록 말하자.

거위야 날자 :: 40-50대

여러분은 지칠 때 어떤 노래를 들으십니까? 얼마 전에 한 케이블 TV에서 설문조사를 했더니 20대 청춘부터 40대, 50대까지 가장 즐겨 듣는 노래가 바로 인순이의 「거위의 꿈」이었습니다. 말이 나온 김에 후렴만 함께 불러볼까요?

"그래요 난, 난 꿈이 있어요. 그 꿈을 믿어요. 나를 지켜봐요. 저 차갑게 서 있는 운명이란 벽 앞에 당당히 마주칠 수 있어요."

자, 이 멋진 노래처럼 우리도 당당히 꿈을 포기하지 않는 거위로 살아갑시다. 제가 '거위야'라고 외치면 여러분은 '날자'라고 크게 외쳐주십시오.

거위야 날자

MC가 된 것처럼 사람들이 즐겁게 합창할 수 있도록 분위기를 유도하자.

나이는 숫자일 뿐 우리도 청춘이다

::60-70대

제 나이가 몇 살인지 아십니까? 49세입니다. 깜짝 놀라셨죠? 그런데 놀랄 일이 아닙니다. 100세 인생이 되면서 이제는 자기 나이의 70퍼센트만 보라더군요.

제 나이가 올해로 70입니다. 자, 여러분도 한번 계산해보십시오. 아직 우리는 청춘입니다. 나이는 숫자에 불과합니다. 그런 의미에서 제가 '나이는'이라고 외치면 여러분은 '숫자일 뿐', 다시 제가 '우리도'라고 외치면 여러분은 '청춘이다'라고 외쳐주세요.

나이는 숫자일 뿐 우리도 청춘이다

최대한 능청스럽게 말해야 분위기를 띄울 수 있다.

스토리 건배사의 달인이 되자

스토리 건배사를 만드는 방법은 간단하다. 모임의 성격과 분위기를 파악하고, 하고 싶은 이야기를 찾아내고, 그걸 축약해서 구호로 외치면 된다. 이 세 가지 방법만 알면 100개도, 1,000개도 충분히 만들 수 있다.

첫째, 상황을 파악하라 축하 자리인지, 아니면 위로가 필요한 자리인지 모임의 성격과 분위기를 파악한다. 그 모임에 참석하는 사람들이 평소 잘 알고 지낸 사람들인지, 아니면 불특정 다수인지도 고려 대상이다. 청중이 누구냐에 따라 공감의 폭이 달라지기 때문이다.

둘째, 이야기를 찾아라 내가 하고 싶은 이야기를 알아내는 것이 가장 중요하다. 축하해, 고마워, 부럽다, 멋지다, 힘내라, 해보자, 즐기자 등 모임 주인공이나 참석자들에게 하고 싶은 핵심 메시지를 찾는다.

그리고 하고 싶은 말을 가장 효과적으로 표현할 수 있는 이야깃거리를 찾는다. 모임 주인공과 얽힌 추억도 좋고, 유명한 사람이 했던 말이나 신문에서 본 기사도 괜찮다. 명언, 속담, 시 등도 훌륭한 이야깃거리가 될 수 있다.

셋째, 구호를 만들어라 하고 싶은 말을 두 마디로 압축한다. 친구 생일이라면 '친구야 고맙다' '이대로 영원히' '젊게 멋지게', 회식 자리라면 '우리는 된다' '끝까지 가보자' '한턱 쏴 크게 쏴'처럼 핵심 키워드를 재빨리 뽑아낸다.

건배사는 연습하는 만큼 실력이 일취월장한다. 빠른 시간 안에 분위기를 파악하고, 어울리는 이야기를 찾고, 임팩트 있는 구호를 만드는 연습을 자주 해보자. 한번 머릿속에 이야기 얼개가 잡히면 그다음부터는 어느 모임에 가도 이야기가 술술 나올 것이다.

나만의 건배사로 각색하라

음악은 어떤 리듬과 악기를 사용하느냐에 따라 무수히 많은 장르로 나뉜다. 건배사도 마찬가지다. 어떤 종류의 이야기를 사용하느냐에 따라 세 가지 패턴의 스토리 건배사로 구분된다.

이 책에 실린 100여 개의 건배사를 그대로 사용해도 큰 무리는 없다.

하지만 세 가지 패턴을 알면 똑같은 건배사도 얼마든지 나만의 건배사로 각색할 수 있다.

패턴1 감동을 높이려면 '드라마형 건배사' 모든 드라마에는 주인공과 줄거리가 있다. 내가 주인공이 되어 나만의 줄거리를 풀어내는 것이 바로 드라마형 건배사다. 다음 건배사를 보자.

"이 친구와 저는 피로 맺어진 뜨거운 관계입니다. 제가 고등학교 때 이 친구를 처음 만났습니다. 한 번은 제가 위경련을 일으켜서 중간고사를 망칠 위기에 처했습니다.

그때 라임이가 수위 아저씨 자전거를 훔쳐 타고 학교 밖으로 나가 약을 사온 덕분에 시험을 무사히 치를 수 있었습니다. 나중에 알고 보니 그날 자전거를 타고 급하게 나가다가 넘어져서 크게 다쳤어요.

지금도 그 흉터가 남아 있습니다. 이렇게 우리는 피로 맺어진 끈끈한 친구입니다. 제가 '더 끈끈하게'라고 외치면 여러분이 '사랑해'라고 외쳐주세요."

친구 생일날 둘만이 기억하고 있는 추억을 꺼내 만든 건배사다. 다른 사람들이 '생일 축하해'라고 말할 때 당신은 에피소드 하나로 훨씬 감동을 주는 건배사를 할 수 있다.

이 책에는 다양한 드라마형 건배사가 있다. 자를 대고 맞춘 것처럼 자신의 경험과 일치하는 에피소드가 있을 수도 있고, 전혀 반대의 상황도 있을 것이다. 전체의 80퍼센트를 차지하는 에피소드만 통째로 내 이야기로 바꾸면 나만의 건배사로 탈바꿈할 수 있다.

패턴2 품격을 높이려면 '뉴스형 건배사' 뉴스의 사전적 정의는 '흥미롭고 중요한 정보'다. 사람들이 흥미를 느끼거나 공감할 수 있는 이야기를 활용한 것이 뉴스형 건배사다.

드라마형 건배사가 '내가 겪은 에피소드'라면, 뉴스형 건배사는 '남이 겪은 에피소드'라고 할 수 있다. 다음 건배사를 보자.

"축구선수 박지성, 다들 아시죠? 그가 기자와의 인터뷰에서 이런 말을 했습니다.

'저는 칭찬이나 야유에는 신경 쓰지 않습니다. 저는 제가 가장 좋아하는 축구를 선택했고, 앞으로도 가장 좋아하는 축구를 할 뿐입니다.'

한 번의 성공에 으쓱하고 한 번의 실패에 좌절하면 프로가 아닙니다. 외부의 평가가 아니라 자기 자신의 혹독한 평가와 싸워 이길 때 비로소 스타플레이어가 될 수 있습니다.

우리 모두가 진정한 스타플레이어가 되자는 의미에서 제가 '우리가'라고 외치면 '스타다'라고 합창해주시기 바랍니다."

축구선수 박지성이 언론 인터뷰에서 한 말을 활용해 만든 건배사다. 다른 사람들이 '우리 모두 프로가 됩시다'라고 말할 때, 당신은 이 에피소드 하나로 보다 품격 있는 건배사를 할 수 있다.

'프로가 되자'는 말을 할 때 반드시 박지성의 말을 인용해야 하는 것은 아니다. 이 책에는 유명인이 했던 말이나 명언, 속담, 시 등이 가득하다.

카테고리에 얽매이지 말고 모임의 성격과 분위기에 맞게 책에 실린 다양한 명언을 활용하면 나만의 멋진 건배사를 연출할 수 있다.

패턴3 재미를 높이려면 '예능형 건배사' 예능의 핵심은 상황 설정과 퍼포먼스다. 예능형 건배사를 활용하면 특별한 에피소드가 없어도 얼마든지 스토리 건배사를 할 수 있다. 다음 건배사를 보자.

"지금부터 잔을 반만 채워주시기 바랍니다. 나머지 반은 절대 채우지 마십시오. 그 반은 여러분 앞에 있는 아내가 채워줄 겁니다. 술로 채우는 게 아닙니다. 소망으로 채우겠습니다. 지금부터 아내에게 나머지 반을 무엇으로 채우면 좋을지 물어봐주십시오.

그러면 아내는 요즘 가장 원하는 것을 얘기해주시기 바랍니다. 두 글자를 넘으면 안 됩니다. 돈? 좋습니다. 보석? 좀 부담스럽군요. 모두 생각해 보셨죠? 귓속말로 살짝 얘기해주십시오.

자! 남편 분들은 들으셨죠? 지금부터 아내 분들은 저와 함께 '채워줘'를 외치겠습니다. 그러면 남편 분들은 아내가 원하는 그 두 글자를 이 건물이 떠나가도록 크게 외쳐주시기 바랍니다. 채워줘, 사랑."

부부 모임에서 활용할 수 있는 건배사다. 어린 시절 경험담도, 유명한 명언도 없다. 하지만 술잔의 반을 아내가 원하는 것으로 채우고, 남편이 그것을 외친다는 퍼포먼스로 이미 멋진 스토리가 완성됐다. 몸으로 하는 언어도 훌륭한 이야깃거리가 될 수 있다.

모임 분위기에 따라 서로 눈을 마주보거나, 어깨동무를 하거나, 손을 뻗는 등 다양한 퍼포먼스를 적절하게 활용해보자. 사람들의 참여와 호응을 두 배로 이끌어낼 수 있다.

100개를 1,000개, 만 개, 무한대로 바꿔라

당신은 바로 오늘 저녁에 건배사를 하게 될지도 모른다. 그런데 이 책에는 사람들이 일반적으로 가장 많이 경험하는 100여 가지 건배사만 정리되어 있다. 그러다 보니 오늘 모임에 딱 맞는 건배사는 없을지도 모른다.

사실 어느 순간에도 똑같은 건배사란 있을 수 없다. 모임이 100개면 건배사도 100개이고, 모임이 1,000개라면 건배사도 1,000개여야 한다. 똑같은 사람들이 똑같은 주제로 모였다 하더라도 어제 만났느냐, 아니면 오늘 만났느냐에 따라 건배사 내용이 달라진다. 어제와 오늘은 사람들의 감성이 다르고 날씨가 다르고, 어제는 예측하지 못했던 돌발 사건이 오늘 발생할 수도 있기 때문이다.

이 책에 어떤 모임에서라도 곧바로 써먹을 수 있는 건배사 1만 개를 모두 싣지 못해 안타깝다. 그러나 실망하기엔 이르다. 이 책에는 100여 가지 건배사밖에 없지만 조금만 기술을 발휘하면 얼마든지 1,000가지, 1만 가지로 바꿔서 활용할 수 있기 때문이다. 이 책에 실린 수많은 에피소드, 명언, 구호, 단어를 재료 삼아 몇 개만 바꾸고 조합하면 전혀 새로운 건배사를 만들 수 있다.

예를 들면 결혼축하 모임에서 사용한 에피소드를 부부 모임에 활용해도 되고, 친구 생일잔치 때 사용한 구호를 부모님 결혼기념일에 외쳐도 좋다. 부모님 생신날이나 이혼한 후배를 격려하는 순간처럼 이 책에 없는 상황을 만나더라도 여기 적힌 다양한 에피소드, 구호, 단어들을 조금만 바꾸고 재구성하면 얼마든지 새로운 건배사를 만들 수 있다.

스토리 건배사 활용법을 확실하게 익혀서 100개를 1,000개로, 1만 개로, 무한대로 바꿔보자. 어떤 모임에서도 그 순간 그 분위기에 꼭 맞는 건배사를 재빨리 만들어내는 자신을 발견하게 될 것이다.

건배사 임팩트를 높여라

일단 술잔을 내려라 짧은 건배사는 잔을 들고 부딪치기까지 30초면 된다. 잔을 들고 말해도 괜찮다. 그러나 축사를 겸하는 건배사처럼 60초를 넘기는 경우에는 계속 잔을 들고 있기 어렵다. 사람들이 술잔을 들었다 놨다 하지 않게 하려면 우선 편안하게 잔을 내려놓게 한 후에 건배사를 해야 한다.

'여러분, 우선 잔을 내려놔주십시오'라고 말하면 적당하다.

건배사를 하는 사람이 술잔을 아예 들지 않거나, 술잔을 배꼽 위치 정도에 두면 굳이 말하지 않아도 자연스럽게 잔을 들지 않아도 된다는 메시지를 전달할 수 있다.

술잔을 들어라 하고 싶은 말을 다했다면 이제 술잔을 들 차례다. 술잔은 구호를 외치기 직전에 드는 것이 효과적이다.

'여러분, 이제 잔을 들어주십시오'나 '자, 이제 모두 잔을 가득 채워주십시오'라고 말하면 된다(이 책에 실린 건배사에는 구호 직전 '여러분 이제 잔을 들어주십시오'가 편의상 생략되어 있으니 적절히 구사해보길 권한다).

목소리를 두 배로 키워라 건배사의 핵심은 모든 사람들이 한목소리로 구호를 외치게 하는 것이다. 에피소드가 끝나갈 즈음부터 목소리를 서서히 키우다가, 구호를 어떻게 외치는지 알려줄 때 두 배로 크게 말해야 한다. 그래야 사람들이 분위기를 타고 평소보다 큰 목소리로 구호를 외칠 수 있다.

최고의 건배사는 구호를 외치는 방법을 알려준 후 잔을 부딪치기까지 10초 사이에 결정된다는 것을 명심하자. 큰 목소리와 장군 같은 리더십으로 최고의 이벤트를 연출해보자.

추임새를 활용하라 어느 자리에나 구호를 외치지 않는 사람은 꼭 있다. 그럴 땐 추임새를 적절히 활용해보자. '우리의 뜨거운 마음을 모아줍시다'라거나 '여러분도 그렇게 생각하시죠?' '준비되셨습니까?'라는 말로 분위기를 띄워 참여와 호응을 유도한다.

배우가 돼라 다른 사람의 말을 인용할 때는 정말 그 사람이 말하는 것처럼 실감나게 표현해야 분위기를 띄울 수 있다. 자신이 배우가 됐다고 생각하고 성대모사를 해보자. 시를 인용할 때는 마치 시낭송회에 선 것처럼 감정을 담아 읊어야 사람들이 몰입할 수 있다.

두 마디로 압축하라 구호는 간결할수록 좋다. 그래야 사람들이 박자를 놓치지 않고 한목소리를 낼 수 있다. 선창과 후창 모두 간결해야 힘이 실린다.

다양한 베리에이션을 활용하라 구호를 외칠 때 다양한 베리에이션(변형)을 활용하면 모임 분위기를 한층 고조시킬 수 있다. 그냥 '사랑해'라고 한마디로 합창해도 좋지만 '사랑해, 사랑해, 사랑해'라고 연달아 세 번을 외치거나 '사, 랑, 해'라고 한 글자씩 끊어서 외치면 더 극적인 분위기를 연출할 수 있다. 화음을 넣는 것도 효과적이다.

사람들을 세 그룹으로 나눠 '사'는 '도' 음으로, '랑'은 '미' 음으로, '해'는 '솔' 음으로 각기 화음을 넣어 합창하면 예상하지 못한 감동을 얻을 수도 있다.

때로는 쇼맨십이 필요하다 모임 분위기에 따라 서로를 마주보게 하거나, 어깨동무를 하거나, 러브 샷을 하거나, 일어서거나, 팔을 뻗는 등 퍼포먼스를 활용하면 효과적이다. 자신을 응원단장이라고 생각하고 숨어 있는 쇼맨십을 발휘해보자. 단, 이런 상황을 연출하려면 청중의 호응도와 자신의 리더십 두 가지를 심사숙고해서 결정해야 한다.

에티켓을 지켜라 건배사를 할 사람이 절대 잊지 말아야 할 것 또 하나. 건배사를 하기에 앞서 자기소개를 하거나 주인공과의 관계를 알려주는 에티켓을 잊지 말자. 그러나 절대 길어져선 안 된다. 최대한 짧고 간결하게 하자.

찾아보기

아트 스피치 연구원 교육 프로그램

최고경영자 과정

대상 고품격 스피치가 필요한 CEO, 임원

내용 리더를 위한 스피치 역량 강화 프로그램. 스피치 베이직에서 상황별 목적별 즉석 스피치까지

기간 매년 2학기(3월/9월) 진행(14주간 주 1회 3시간)

카리스마 스피치 과정

대상 다양한 스피치 상황을 접하는 실무자

내용 인터뷰, 보고, 회의 진행, 프레젠테이션 등 성공적인 직장 생활을 위한 실습 위주의 스피치 프로그램

기간 매년 2학기(3월/9월) 진행(12주간 주 1회 3시간)

3일 속성 스피치 '무탁스' 과정

대상 직장인, 대학생, 취업준비생

내용 스피치 기본기와 상황별 스피치 대처 능력 배양을 통한 자신감과 경쟁력 강화를 위한 3일 속성 스피치 프로그램

기간 매달 1회 3일 과정(주말)/방학(평일) 3일 과정(7, 8월/12, 1월)

1:1 개인/소그룹 코칭

대상 SWOT 분석을 통해 개인 또는 소그룹으로 맞춤 교육을 희망하시는 분

내용 개인의 니즈, 목적, 특성을 분석해 최단기 스피치 실력을 높여주는 교육과정

코칭 분야 정치 커뮤니케이션 / 기업 커뮤니케이션 / 프레젠테이션 전문가

빅토리 스피치

대상 각종 선거를 준비하는 예비 출마자

내용 청중 분석에서 연출까지, 거리 유세에서 미디어 스피치까지. 선거에 필요한 모든 스피치 상황을 일대일로 교육받는 프로그램

코칭 분야 Writing / Speech / Voice / Image / Media

Kids 스피치 리더십

대상 초등학생 4~6학년 (말짱, 인기짱이 되고 싶은 초등학생)

내용 아트 스피치 기법, 커뮤니케이션 유형 진단 및 특강
진단 / 강의 / 소그룹 실습 및 피드백 / 조별 실습 / 담임제 관리

기간 매년 3, 9월 오픈 / 방학특강 매년 1, 2월 / 7, 8월

김미경의 '파랑새' 특강

대상 직장인 및 대학생, 일반인

내용 김미경 원장이 19년간 쌓아온 통찰과 배움, 경험을 바탕으로 매달 다른 주제의 자기계발 강의를 선보이는 특별한 강의입니다. 김미경의 파랑새 특강은 참가비의 30%를 아름다운 재단에 기부하고 있습니다.

날짜 매월 마지막 주 월요일

김미경의 e-class

김미경 원장의 온라인 교육 사이트, e-class가 2011년 문을 열었습니다. 이제 김미경의 파랑새, 언니의 독설을 비롯한 김미경 원장의 모든 강의를 '김미경의 e-class'에서 만나보세요!

www.kmkclass.co.kr

교육신청 www.artspeech.co.kr | **문의 전화** 02-557-0783 | **팩스** 02-338-6768
본사 서울시 마포구 서교동 484-25 | **서초교육센터** 서울시 서초구 서초동 1696-11 3층

KI신서 3645
세상에 오직 하나뿐인 나만의
스토리 컨버싱 2

1판 1쇄 발행 2011년 11월 07일
1판 6쇄 발행 2019년 2월 25일

지은이 김미경
펴낸이 김영곤 박선영 **펴낸곳** (주)북이십일 21세기북스

마케팅본부장 이은정
마케팅1팀 나은경 박화인 **마케팅2팀** 배상현 신혜진 김윤희
마케팅3팀 한충희 김수현 최명열 **마케팅4팀** 왕인정 김보희 정유진
홍보기획팀 이혜연 최수아 박혜림 문소라 전효은 염진아 김선아 양다솔
제작팀장 이영민

출판등록 2,000년 5월 6일 제10-1965호
주소 (우 413-756) 경기도 파주시 문발동 파주출판단지 518-3
대표전화 031-955-2100 **팩스** 031-955-2151 **이메일** book21@book21.co.kr

(주)북이십일 경계를 허무는 콘텐츠 리더

21세기북스 채널에서 도서 정보와 다양한 영상자료, 이벤트를 만나세요!
장강명, 요조가 진행하는 팟캐스트 말랑한 책수다 '책, 이게 뭐라고'
페이스북 facebook.com/jiinpill21 포스트 post.naver.com/21c_editors
인스타그램 instagram.com/jiinpill21 홈페이지 www.book21.com

서울대 가지 않아도 들을 수 있는 명강의! 〈서가명강〉
네이버 오디오클립, 팟빵, 팟캐스트에서 '서가명강'을 검색해보세요!

© 김미경, 2011

ISBN 978-89-509-3401-9 03320
값은 뒤표지에 있습니다.

이 책 내용의 일부 또는 전부를 재사용하려면 반드시 (주)북이십일의 동의를 얻어야 합니다.
잘못 만들어진 책은 구입하신 서점에서 교환해 드립니다.

경계를 허무는 콘텐츠 리더
www.book21.com

북이십일이 특별한 감성으로 새롭게 태어납니다.

지식과 정보의 새로운 향유 방법을 창조함으로써
여러분과 함께 즐거움을 나누고 공유하겠습니다.

홈페이지 방문시 다음과 같은 혜택을 드립니다!

혜택1. 도서 구매 인증을 받으시면 도서정가의 '5%'를 포인트로 돌려드립니다.
혜택2. 다양한 정보와 이벤트가 여러분을 기다리고 있습니다.

21세기북스 트위터 @21cbook
블로그 blog.naver.com/book_21

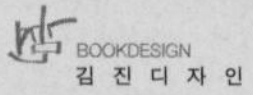